公路建设与项目管理

栾 斌 于云飞 王 林 主编

吉林科学技术出版社

图书在版编目（CIP）数据

公路建设与项目管理 / 栾斌，于云飞，王林主编
. -- 长春：吉林科学技术出版社，2023.6
ISBN 978-7-5744-0632-2

Ⅰ．①公… Ⅱ．①栾… ②于… ③王… Ⅲ．①道路工
程－工程项目管理 Ⅳ．① U415.1

中国国家版本馆 CIP 数据核字（2023）第 136512 号

公路建设与项目管理

主　　编　栾　斌　于云飞　王　林
出 版 人　宛　霞
责任编辑　李万良
封面设计　树人教育
制　　版　树人教育
幅面尺寸　185mm×260mm
开　　本　16
字　　数　260 千字
印　　张　11.75
印　　数　1–1500 册
版　　次　2023年6月第1版
印　　次　2024年2月第1次印刷

出　　版　吉林科学技术出版社
发　　行　吉林科学技术出版社
地　　址　长春市福祉大路5788号
邮　　编　130118
发行部电话/传真　0431-81629529 81629530 81629531
　　　　　　　　　　　　 81629532 81629533 81629534
储运部电话　0431-86059116
编辑部电话　0431-81629518
印　　刷　三河市嵩川印刷有限公司

书　　号　ISBN 978-7-5744-0632-2
定　　价　75.00元

编委会

主 编：

栾 斌 烟台市公路事业发展中心

于云飞 烟台市公路事业发展中心

王 林 烟台市公路事业发展中心

副主编：

兰丽梅 烟台黄渤海新区建设交通局

柳敬录 烟台市交通运输服务中心

修林岩 烟台市公路事业发展中心

宋文杰 山东润兴成公路工程服务有限公司

李 晓 烟台市福山区福新街道规划建设管理服务中心

前　言

改革开放以来，我国交通事业得到了蓬勃发展。在我国公路工程建设中，工程建设发展迅速，公路铺设无论在质量还是数量上，都居世界的前列，给国家的快速发展提供了支持，同时为公路工程的进步进行了技术积累。

公路工程施工项目属于一次性工程，其特点是规模大、变动因素多、施工单位流动性强、行业竞争激烈，这些特性要求必须加大项目的管理工作，使公路施工企业按照项目管理要求设置施工组织机构，组建施工队伍，对工程项目实施过程组织。同时，又要保证工程进度、质量、劳动、机械、材料、成本、安全、环境、资料、竣工验收等方面能相互协调，并得到很好的控制，保证项目顺利完成。同时，新技术、新工艺、新设备、新材料的不断涌现，对公路工程人员的要求越来越高。公路工程基层施工组织中的技术人员的业务水平和管理能力的高低，已经成为公路工程建设项目能否有序、高效、高质量完成的关键。

本书强调内容的全面性、系统性、实用性和可操作性，首先介绍了公路建设研究的背景和意义、公路建设规范化管理技术体系的理论基础，然后详细地分析了公路项目管理、公路建设项目建设条件与方案，以及部分公路建设项目全面质量管理，最后在公路工程施工质量控制、公路工程施工成本管理、公路工程施工合同管理、公路工程施工技术管理以及公路工程施工信息管理等方面，做出系统的数理和探讨。本书力求逻辑清晰、简单易懂、便于操作。

本书在编写过程中参考了国内的最新研究成果，在此向相关作者一并表示感谢。由于公路工程管理新方法、新技术发展迅速，加之作者水平有限，书中难免存在不妥之处，敬请广大读者批评指正。

目录

第一章 公路建设研究的背景和意义

第一节 国内外公路建设研究的现状

一、国外公路建设标准的历程及研究现状

（一）国外公路建设标准的发展历程

18 世纪末到 19 世纪初，第一次工业革命的爆发导致对社会分工的要求越来越细，大规模生产使得企业对原材料、零件的形状和尺寸、管理等标准化生产有了更高的要求，对近代标准化的发展起到了促进作用。1789 年，美国的艾利·惠特尼（Eli Whiney）在为美国政府生产 1 万多支步枪的过程中，将步枪的零部件标准化，极大地提高了生产效率。当时美国制造业的发展受到这种"标准化"理念的极大刺激，在此期间，许多标准化组织相继成立，为标准化的发展创造了有利条件，标志着标准化发展进入起步阶段，随后其他国家和地区也相继成立了标准化组织。第二次世界大战结束后，工业发达国家的先进技术成果和管理方法迅速传播到世界各地，世界各国为增强国力和国际竞争力而大力发展经济，国家标准化活动随着各国际标准的迅速发展而不断发展。国际标准化组织（ISO）、欧洲标准化委员会（CEN）、欧洲电工标准化委员会（CENELEC）等标准化组织相继成立。

全球化经济的不断发展，为使世界范围内不断增加的货物和服务贸易运行更加顺畅和高效，国际标准和国际认可成为一种重要的手段。20 世纪 90 年代进入了信息化时代后，为适应新形势下国际贸易的发展，迫切需求制定国际标准和建立国际标准机制。在此背景下，1995 年世界贸易组织（WTO）成立，表明了全球经济一体化的大趋势和世界标准化迈向国际化新阶段。

随着标准化在国际上的快速发展，项目管理标准化也受到了世界各大公司和企业的密切关注和研究，产生了许多的理论研究成果和成功的实践经验。Inaki Hems 等以医院病房的管理为例，研究标准化管理的有效性。Miguel Augusto、Martins Pereira 等编写的《*Standarization of Project Management Processes*》一书中通过对葡萄牙中小型企业的过程分析，为解决这些公司效率低下、成本消耗等问题特别制定了一套项目标准化体系。Stian

Antonsen 等讨论了标准化管理在项目管理安全领域上的优缺点。Christopher Wright 等阐述了标准化管理在管理创新上的实践应用。

总的来说，国外研究学者和相关企业在研究标准化管理这一领域取得了丰硕的研究成果和实践价值。标准化管理在内容方面日益成熟和丰富，并且趋于系统化，一些研究成果已经上升到国家战略的重要地位，引起越来越多的国家在经济全球化背景下对国际间管理标准化的高度重视。

（二）国外公路建设的研究现状

世界上最早的高速公路建于 20 世纪 20 年代到 30 年代，在德国和意大利问世。因当时各大洲战火不断及全球经济发展程度的不同影响，成为高速公路总体发展的绊脚石。第二次世界大战之后全球经济持续快速复苏和汽车工业的问世，为美国、欧洲等西方发达国家高速公路的快速发展创造了一个难得的"黄金时代"。美国迅速成为公路交通最发达、高速公路建设里程最长的世界先行者，8.78 万千米的高速公路总量，占当时全球高速公路 23 万总里程的三分之一强；在当时的 70 年代，美国的高速公路以每年新建 3000 千米的速度，进入了黄金期；到 80 年代后，美国的高速公路路网区域完善，建设降至每年 300 千米左右，进入相对稳定的发展时期；在美国，洲际高速公路的建设和运营为周边的区域经济发展创造了许多机会，拉动了市场上钢铁、碎石、水泥等相关建筑行业，同时为汽车工业的迅速发展扫清了障碍，开辟了新的经济市场，并对第二次世界大战后美国经济的快速复苏及国土资源的均衡开发起到了催化剂的作用。伴随着经济学理论和经济水平的迅速发展，社会经济学家将研究的方向逐步转向公路建设和经济发展之间的关系。美国在 20 世纪 70 年代就已经在公路建设项目与经济发展之间的关系进行了相关数据的研究，建立了一些有针对性的数字模式进行论证，通过不同角度同公路建设对经济发展的影响进行深入分析，并向执政政府提出了可行性的实施方案。

综合以上可以知道各国根据本国自身公路建设项目对社会经济影响方面的研究，都有不同的研究方法、研究方向和侧重点，而且不同国家的经济制度、文化价值、社会制度和发展方向等特点，在社会经济影响评价方法的实施过程中直接决定了具体做法和研究内容。高速公路是各国公路建设项目中的重要环节，也就决定了各国公路项目对经济发展之间的关系，研究内容和研究方式合理结合，在对比分析中提出高速公路发展和经济不同程度增长的模型，GDP 的增长是大多数国外学者研究的理论和基础。总之，目前国外的各种研究模式对我国的相关研究都具有一定的参考价值，但是我国自身的经济状况决定了国内高速公路的社会经济影响理论分析和研究方法，应结合现状、实事求是。

二、国内公路建设标准的历程及研究现状

（一）国内公路建设标准的发展历程

我国是一个文明古国，有着 5000 年悠长的历史，标准化在古代就开始出现。在秦始皇时代颁布了"车同轨、书同文"等标准化措施，是中国标准化历史的开端。它大大方便了物资和文化的交流，促进了当时全国统一后的经济文化发展，对我国后来的经济文化发展也产生了极为深远的影响。公元 11 世纪中叶，北宋毕昇发明了"活字印刷术"，他运用了标准化的一些基本原理。自清朝鸦片战争开始至中华人民共和国成立，这期间受到战争影响，我国行业标准主要依赖国外发达国家。1962 年《工农业产品和工程建设技术标准管理办法》的颁布标志着我国首个标准化管理法规的诞生，1979 年《中华人民共和国标准化管理条例》出台预示着我国标准化管理进入了一个崭新的阶段。自改革开放特别是我国加入 WTO 以后，我国标准化随着对外贸易的不断增加而快速发展，受到了来自全球各国企业的激烈竞争，使得我国企业对项目管理标准化的认识增强。例如我国引入了国际质量体系 ISO9001，并转化为我国国家标准 GB/T19001—2008。我国在标准化管理理论上研究也取得了丰硕的成果，在国内外优秀的期刊上发表了许多相关论文及出版了大量相关书籍。

企业工程项目管理标准化就是从企业的角度出发，寻找一种提高项目绩效和管理水平的标准化管理流程。段志成论文《工程项目管理标准化作用机理研究》通过问卷调查、深度访谈、专家打分等多种方法进行实证研究。周晓宏博士以我国电子产业的 R&D 项目为研究对象，在其论文《R&D 项目管理标准化及其策略研究》中对研发项目标准化管理与项目绩效间的影响关系进行了深入探讨。李福和等编写的《工程项目管理标准化》一书，针对施工企业的特点，介绍了标准化对于成功的项目管理具有不可替代的作用。通过最新项目管理思想与工程项目管理理念相结合，分析了项目管理标准化对企业管理水平和施工能力的影响。刘建华等从施工企业的角度探讨了项目管理标准化体系的作用。何成旗探讨了项目标准化实施过程及在实施过程中需要注意哪些问题。程卫军等探讨了现代化信息技术在施工项目中的应用已经具有的意义。杨斌对近些年里的项目研究进行了总结。刘学以丹通高速公路建设项目为例，探讨了工程项目管理方法。杨静将 PMBOK 体系运用在建筑施工项目中进行了研究。李永明则以 BY 公司为实例，研究了企业内项目管理标准化体系的设计。邹婉萍和陈鲁军分别对目前的企业标准化进行了探讨和论述。冯艳英等在中国科技论坛上对企业标准化管理模式与运行机制进行探讨。

总的来说，我国企业对管理标准化认识越来越强，国内学术界也有越来越多的学者进行标准化研究。目前，我国学术界对管理标准化研究主要侧重在总结国外经验、分析未来发展趋势、研究管理标准化的运用等几个方面。

（二）国内公路建设的研究现状

自改革开放以来，随着公路建设的迅速发展，人们逐步开展关于高速公路和经济发展的关系研究，对高速公路发展的认知程度不断增加，在认同高速公路建设对国家、社会、区域经济发展所产生巨大影响力的同时，开始借鉴西方发达国家近几十年高速公路建设发展积累的有效经验，学习国外先进技术、经验、方法和理论，完善发展我国高速公路特有的建设历程。

我国在发展阶段，通过对建设项目的评价，以 20 世纪 80 年代为分水岭。在 80 年代以前，国内对经济评价体系不够完善，项目评价理论方法和国外欠缺交流，阻碍了对国内公路建设的综合评价，只涉及了部分关于社会经济效益的经济评价，没有全面进行社会评价的体系，导致了评价结果的不全面。80 年代以后，国内大力推行改革开放政策，引进了国外的管理经验和先进技术，同时把社会影响评价也增加到投资项目评价体系中，全面评价高速公路建设体系。

这点，可以在我国交通部 1996 年修订颁布的《公路建设项目后评价报告编制办法》和《公路建设项目后评价工作管理办法》中对经济影响评价的明确要求可以体现。

目前国内学者已经对建成的高速公路进行跟踪调查，研究高速公路建设对当地影响区域的产业结构、国民生产总值等经济指标进行分析，采用对比分析法就高速公路建设对其当地影响区域社会经济指标的不同，来进行区域经济影响的探讨。鉴于国内学者的研究成果，关于高速公路建设项目对推动社会经济发展这一观点，已经普遍认同。但是，对于高速公路建设对当地经济影响程度方面，目前没有统一的研究模式。

在实践中，贾元华教授（2012 年）最早提出高速公路的经济适应性这一概念，并运用经济学的相关理论与方法，对高速公路经济适应性的评价指标体系框架进行了研究。从宏观经济和微观经济两个方面，对我国高速路建设和管理过程中的经济适应性问题进行了研究，高速公路的经济适应性包括规划设计方案的适应性、投资效果的适应性、投资建设体制适应性、经营管理体制的适应性。并对收费公路规划建设发展模式及其管理机制等问题进行了分析探讨，总结了我国收费公路与经济适应性及其可持续发展方面存在的一些问题和矛盾，提出了相应的建议和解决措施。

国内学者周正祥和王跃明，2012 年在《高速公路对经济发展的促进作用》一文中分析了高速公路建设对公路沿线经济的影响和拉动作用，阐明高速公路对我国现代化建设有着十分重要的作用；周伟、马书红（2013 年），在文献中从公路交通与经济发展相适应性的基本概念出发，提出了公路交通与经济发展适应性分析的基本理论——木桶理论；在此基础上，于红霞等（2016 年）从规模、结构、状态、功能布局、发展速度、投资特征和管理与法制各方面出发，选取指标构建了适应性评价体系，并采用改进的灰色关联度综合评价方法进行了公路交通的适应性评价；郭华（2015 年）从区域公路网与社会经济发展的适应性以及与交通需求的适应性两方面，建立了评价指标体系，并对指标评价标准进行了研究；吴新华（2010 年）在《建立中央权益支撑的国家高速公路产业基金的思考》学术论文中谈到我国随着社会经济发展，高速公路影响逐渐明显，已经成为社会经济生活和国家经济发展中不可或缺的部分，再次阐述高速公路建设的重要意义；肖玲（2011 年）在《浅析公共利益最大化目标下中国收费公路的管理》一文就我国高速公路建设成后，所带来的最重要、最直接的影响进行了深入的探究，但是对负面影响没有谈到。

2014 年，交通部规划研究院与北京大学共同研究的科研课题《公路交通与经济社会发展适应性综合评价》，通过跟踪公路交通的发展状况，预测了"十五"末公路交通与经济社会发展情况，研究了公路交通与经济社会发展互动关系，提出了适应性评价指标体系与评价标准，并分析了我国"十五"末公路交通与经济社会发展的适应程度，对我国交通事业发展适应性做出了科学测评。

2015 年，交通部重点研究课题《高速公路绩效评估与跟踪》研究报告从高速公路对宏观经济、区域产业发展、投资环境改善和外向型经济发展、资源开发等方面，详细阐述了高速路与区域社会经济之间互相影响、互相作用的动态关系。报告提出，高速公路作为区域经济开发的重要环节，其规划建设对区域产业结构优化与产业布局调整具有明显的导向性作用。

2016 年，由交通运输司委托北京航空航天大学经济管理学院进行研究专项基础理论应用课题《交通运输与经济发展的适应性研究》，探索性地提出了交通运输与经济发展的适应性理论，认为交通运输与经济发展的适应性包括网络适应性、制度适应性和组织适应性，采用数据分析法对交通运输与经济发展的适应性进行评价，分别对不同运输方式与经济发展的适应性展开了实证研究，提出相关的对策建议。在以上文献综述和相关资料中，发现国内很多研究方法及研究内容中虽然谈到了高速公路对区域经济产生的影响关系，但是没有明确指出都有哪些积极的和负面影响，也仅限于理论探讨和定性分析。而且，研究比较空乏，没有确凿的数据支撑，使理论研究不够具体详尽。

第二节 国外公路建设研究的现状

一、国外投巨资修建高速公路

公路具有快速、安全和经济等优点，但其造价昂贵，投资回收期长。随着各国经济实力的增强和技术的进步，近些年来国外公路发展很快，不仅大多数经济发达国家，而且相当一部分发展中国家也修建了众多的高速公路。美国是世界上拥有公路最多的国家，这与美国政府的重视与支持是分不开的。他们一方面集中大量的资金用于公路的建设；另一方面聚集大量的高级技术和管理人才，加强公路的勘察、设计、养护和管理。

二、跨国界进行地区性公路网建设

当前，世界经济一体化、地区化的发展，促进了各国间的物资交流和人员往来。在这种新形势下，世界各国，尤其是发达国家为了进行国际合作与争夺市场，开始把精力转向建设连接邻近国家和地区国家的跨国界地区性公路网的建设。

三、投入高新技术，加强现有公路的运营管理与改造

汽车数量迅速增加不仅给交通管理方面带来了巨大的困难，而且还造成严重的环境污染与交通事故，使人类生存环境和生活质量受到严重的威胁。据统计，自第二次世界大战来，已有 1700 多万人死于公路交通事故中。因此，世界各国的公路部门，尤其是发达国家的公路部门，把相当的精力转移到提高道路的使用功能与车流的安全性、舒适性，以及道路对周围环境人文景观的影响方面。发达国家的公路正全面进入道路的运管阶段，主要包括养护管理、交通管理和环境管理等。

发达国家十分重视用高新技术来改造公路交通行业，尤其是计算机技术、信息技术、自动控制技术、新材料技术等。利用 GIS（地理信息系统）技术建立公路数据库；制定并多次修订通行能力手册，为规划与设计提供了技术依据。通过计算机模拟，建立了多种分析、评价模型，为规划、设计提供了理论和手段，利用 GIS 卫星定位，航测遥感代替传统的人工勘察，并将采集来的数据通过数字地面模型与 CAD 系统相衔接，具有相当强大的功能。

第三节　欧美等国家高速公路的管理

一、美国高速公路建设的管理

美国高速公路建设有一套评估、规划立项、投融资及维护管理的机制，每个项目的认证至少要两年时间，一般由行业组织牵头，邀请行政官员、专家学者和使用部门的代表进行学习考察、协商、归纳改进，提出个性设计方案。高速公路建设资金投入分别为地方州政府、地方县市、联邦政府。美国高速公路建设和管理体制表现为联邦资助、地方所有的分权式体制，由联邦政府投资资助各州境内州际公路项目的建设，建成后由各州进行管理和养护。

州际高速公路的建设由各州分别负责，各州运输部具体负责各地的道路交通安全管理。国家有关部门立法，州公路警察执法，法庭和检察官司法。各州制定了公路安全计划管理

程序，各部门分工协作完成高速公路的交通管理工作。交通运输部门在公路交通安全的改善方面起着主导作用。根据各州制定的公路发展规划和改建计划，由州公路局开展项目的可行性研究，项目可行性研究经州政府批准后可以委托进行项目的设计。设计标准以各州的标准为基础，同时必须符合联邦公路局制定的标准。施工前的征地拆迁工作一般由州政府组织专门的办公室完成，包括资产评估部门、谈判部门、拆迁部门和安置部门，完全按照法律规定进行运作。在施工过程中，公路局和承包商各负如下责任：承包商提供各种材料并负责设备安装，同时还应为分包商取得各种认可批件，对分包商进行监督。公路局的责任是管理合同、对承包商支付、进行工程检查和测试，确保工程质量符合规范与合同的要求。地方分权管理体制下公路的设计与施工虽然有多家企业共同参与，但实质上是由政府负责的。

美国由于主要实行地方分权的管理体制，在符合国家总体计划及各项政策的前提下，高速公路的规划工作一般由各州公路局实施，美国运输部通过联邦公路管理局对其进行监督，其他政府部门，如美国环保署和州、地方一级的相应机构，也提供指南和规定，作为项目规划的依据。各国以建设高效、快捷、安全的运输体系为目标，高速公路作为综合运输体系的重要组成部分，其规划职能由政府行使，便于从宏观上把握高速公路系统与交通需求的关系。

美国许多州都建立了各自的交通影响分析方法与标准，对新建开发项目实施交通影响分析，同时制定了征收交通影响费政策。美国的交通影响分析，一般由地方政府首先设定作为政策对象的开发工程项目条件，当进行符合该条件的开发时，开发者必须向咨询公司招标，由咨询公司进行交通影响分析，向地方政府提出交通影响分析报告书。

在建设灾害管理方面，根据国会立法，美国各州、县和市政府都成立了紧急警报委员会，负责各地紧急警报系统的建立和运作，构筑了一个多部门协作的全国性紧急警报网络。各部门分工明确：联邦通信委员会负责警报系统硬件研发、向用户提供信息和技术服务；国家气象局则提供重大灾害天气的警报工作，开通24小时全国天气广播；而联邦紧急措施署则在发生重大灾害时管理联邦救灾资源，与地方紧急反应部门合作指导地方救灾工作。

二、德国高速公路建设的管理

德国公路系统由联邦远程公路、州级公路、县市级公路和乡镇级公路组成。德国联邦交通运输部公路局负责制订高速公路规划和建设计划，委托各州公路局建设和管理所辖境内的高速公路。联邦政府利用燃油税收入资助高速公路建设，州政府主要利用汽车保有税和公债收入投资公路建设。德国道路交通运输部门制定交通法规和交通规则，公路管理部门负责对公路网做相应的改善，由交通警察执行现场交通监控和处理交通事故。道路交通运输部门负责设置交通标志、交通信号和交通标线。

德国联邦内政部下属的居民保护与灾害救助局专门负责重大灾害的协调管理职能，目的是将公民保护和灾害预防结合起来，从组织机构上把公民保护提升为国家安全系统的支柱之一。2015 年 10 月成立了居民保护与灾害救助局，联邦和各州共同承担责任，共同应对和解决异常的危险和灾害，下设危机管理中心，包括联邦和州"共同报告和形势中心"、危机预防信息系统、居民信息服务等多个机构。联邦和州"共同报告和形势中心"是危机管理中心的中枢，负责优化跨州和跨组织的信息资源管理，改善联邦各部门之间、联邦与各州之间以及德国各国际组织间在灾害预防领域的合作。危机预防信息系统是一个开放的互联网平台，集中向人们提供各种危急情况下如何采取防护措施的信息。居民信息服务是危机管理的一项重要服务。一方面作为预防，公民应该得到有关救援系统、公民保护以及危急情况下的自我保护的信息。另一方面，也必须考虑到公民在危机情况下的信息需求，居民信息服务的途径和手段包括宣传手册、互联网、展览以及热线服务。

三、法国高速公路建设灾害管理

法国除按照特许经营方式修建的收费高速公路外，有约 10% 的高速公路是由政府直接投资兴建、免收通行费的高速公路。法国最高公路管理机构是公共工程、运输和旅游部下设的公路局与公路交通局，负责公路建设投资和管理公路网。公路与公路交通局内设高速公路特许公司监理部、高速公路建设养护处、高速公路管理局和安全与用户服务处等机构，政府的公路建设资金主要来源于道路使用者交纳的各种燃油税、车辆购置税，汽车使用税及其他特种税，政府负责直接管理的国道和高速公路的建设、养护。

第四节　国内外研究现状的综合分析

一、国内外有关公路建设规范化的研究概况与评价

20 世纪 30 年代，项目后评价起源于美国，当时仅是少数人的行为，项目评价重点是财务分析，以财务分析的好坏作为评价项目成败的主要指标。20 世纪 60 年代，许多西方国家对能源、交通、通讯等基础设施及社会福利事业投入大量的资金，这些项目的直接财务效益远不如工业类生产项目，与此同时，美国进行了以投资效益评价为核心的后评价。世界银行等国际金融组织将项目效益评价引入国民经济评价的概念，并且对不发达国家的投资也有类似生产项目。20 世纪 70 年代，世界银行作为一个国际开发机构，基于"向贫困开战"的计划，在世界许多发展中国家大量投放开发性项目基金。

在这一过程中逐步建立起一套比较完善的管理体制和科学的项目管理程序。随着经济

的发展，项目的社会作用和影响日益受到投资者的关注，欧美一些国家及发展中国家，如印度、巴西、墨西哥等也相继开展建设项目后评价工作。

二、发达国家有关公路建设规范化的研究概况与评价

（一）美国有关公路建设规范化的研究概况和评价体系

美国是最早开展项目后评价的国家，也是国际上项目后评价理论与方法的倡导者。20世纪30年代美国政府基于"New Deal"的计划项目，第一次有计划地开始对项目进行后评价，联邦政府进行以投资效益为核心的项目后评价，制订了"war on poverty"计划，之后项目后评价进入立法部门，并延续至今，为各国所采纳；2011年管理和预算办公室颁布了题为"行政部门管理改进和后评价应用"的第A—117号文，作为所有行政部门的正式政策。到2013年，美国会计总署成立了后评价研究所，每年大约有一个后评价项目。

（二）英国有关公路建设规范化的研究概况和评价体系

英国是项目后评价发展第一次浪潮中的国家，但是其后评价的发展过程却相当缓慢。直至2012年，政府部门明文规定项目后评价是政府管理的必要工具，英国的项目后评价之所以在相当长一段时间内较为分散和零碎，是由于英国议会体制和复杂的中央及地方政府关系等原因。到2014年下半年英国后评价协会成立后，这种局面才在一定程度上得到了扭转，与此同时，欧洲其他国家的后评价协会也成立了。

英国海外开发署（ODA）的项目后评价工作是颇有成效的。ODA从2012年开展项目的影响评价，并于2013年正式在署内设立专门的后评价局，并有多名从事项目管理和组织实施的工作人员。

（三）加拿大有关公路建设规范化的研究概况和评价体系

20世纪60年代初，加拿大政府尝试在联邦政府建立一个综合和可持续发展的项目后评价机构；70年代中期，政府计划局进行了一系列项目后评价，但是相关领导对这些后评价并不满意，于是在2014年成立了总监办公室，专门进行后评价，至此加拿大联邦政府开始了较为完善、实际的项目后评价工作。

第五节 公路建设管理的研究意义

一、公路建设预警管理的研究背景及意义

随着经济建设的发展和交通量的日益增加，我国公路建设以前所未有的速度发展，公

路的建设对经济的拉动和人们生活水平的提高作用显而易见。但是,在这股建设热潮当中,水资源破坏、环境结构失衡、施工安全事故频繁、质量隐患、突发公共事件甚至带来了腐败等,使人们看到公路建设不仅仅是一个单纯工程建设项目,它所带来的不良影响可能会导致社会性的灾害,所以需要从社会综合的角度来研究公路建设所带来的不良后果。

公路的建设给周边环境也带来了极大影响,据水利水电部门的相关研究,公路在建期间,仅对环境造成的危害就有6项:

(1)损毁林草地和水土保持设施,占用耕地资源。道路建设对沿线农作物用地的影响是最为突出的,道路占用土地,永远失去了农业种植功能,使沿线耕地减少,植被覆盖率降低;

(2)开挖扰动地表,破坏原生土壤结构,导致水土流失加剧;

(3)大量弃渣流入江河,堵塞河道,降低行洪能力;

(4)改变了沿线的水系结构和汇流条件,影响农田灌溉。在山区,还可能由于道路的修建而改变地面径流的结构,引起水土流失和山洪暴发等情况,使道路两侧和周围地区一定范围内的生态环境受到破坏;

(5)破坏项目区自然景观,造成生态环境恶化;

(6)大气及噪声污染。

在气候干燥的季节施工,土石方施工现场的二次扬尘是大气环境的主要污染物;在机械化施工路段,燃油施工机械排放的尾气,如一氧化碳、二氧化硫等都会增加该路段的大气污染。而推土机、挖掘机等大型机械和运输工具所产生的施工噪声,对周边居民的生活会造成极大的影响。研究统计表明,每修建一千米高速公路,会损毁林草地3.2公顷,占用耕地5.8公顷,开挖土石方16.3万方,产生弃渣3.9万方,新增水土流失0.9万吨,如不采取有效的水土保持措施,将给项目区及其周边地区带来灾难性的后果。

在项目施工期,由于大量采用机械施工,路堤填筑、爆破、取土采石、架桥砌池、机械碾压等,破坏了高速公路沿线原有地貌和植被,扰动了表土结构,致使土体抗蚀能力降低,土壤侵蚀加剧,加上开挖隧洞和岩土表层剥离,排放大量的弃土弃渣,必然导致水土流失量增加,还有施工临时设施占地以及移民安置等,都不可避免地扰动原地貌和地表土层,破坏地面植被,使原有的保水保土功能降低,造成新的水土流失,不仅不利于生态环境建设,也会由于地质条件复杂、设计与施工不当导致工程事故,或是改变了荷载条件和水热状况,而为今后高速公路运营安全埋下隐患。

尽管如此,高速公路建设不会因为它对社会有种种不良影响而停滞不前,相反,由于我国高速公路的建设还远远不能满足经济发展的需要,还应大力发展。出现这些现象并不可怕,可怕的是没有采取相关措施进行预先防范和应对,使这些现象不发生和造成的损失最小。

二、公路建设的研究背景和意义

（一）公路建设的研究背景

近年来，国家投入大量资金、下大力度加快农村公路建设，加强农村公路管理，使得农村公路建设落后于国省道路建设的旧面貌发生了翻天覆地的转变。在"十一五"期间，我国公路得到了快速的发展，公路总量连年攀升，结构持续优化，管理不断加强，服务能力显著提升，成了经济社会发展过程中重要的支柱力量。国家在《中华人民共和国国民经济和社会发展第十二个五年规划纲要》中提出了"加快社会主义新农村建设，继续推进公路建设，进一步提高通达、通畅率和管理水平，加大道路危桥改造力度"的目标。加强"十二五"期间的公路建设，提升政府建设管理能力，既是公路转变发展模式、实现又好又快发展的客观需求，也是交通运输系统扶持农业现代化发展、加快社会主义新农村建设的一个重要举措。

（二）公路建设的实践意义

公路是建设社会主义新农村的重要基础设施之一，其建设发展可以直接改善农村及城市地区的交通条件，进而间接地优化农村地区的投资环境，促进生产能力的进一步发展。总结国外和国内其他省份公路建设管理的经验，对公路建设管理进行重点研究，并结合国外和国内其他省份的成功经验，运用管理学的理论对公路建设管理的成果与不足进行深入分析。对公路建设管理进行探讨研究及对策分析，有利于政府更好地对公路进行建设管理。

第二章 公路建设规范化管理技术体系的理论基础

第一节 公路建设规范化的研究背景

一、公路建设管理的背景

随着我国交通现代化建设的迅猛发展，公路建设，尤其是高速公路的建设取得了举世瞩目的成就。1988 年，在我国大陆建成第一条高速公路——上海嘉定高速公路之后，高速公路建设快速发展。2001 年底，我国高速公路通车里程达到 1.9 万千米，居世界第二。到 2011 年底，我国公路总里程达到 401 万千米，其中高速公路通车里程 7.4 万千米，二级以上干线公路 43 万千米，农村公路 351 万千米。根据我国《交通运输发展"十二五"规划》，到 2015 年底，我国公路总里程将达到 450 万千米，其中高速公路通车里程 10.8 万千米，二级以上干线公路 65 万千米，农村公路 390 万千米。作为基础设施建设，公路工程具有线路长、涉及面广、流动性大等特点，公路建设管理与一般的建设项目相比，具有鲜明的长期性、复杂性、多方协调性、社会性和目标多重性，其建设管理的成功与否不仅关系到项目投资效益的高低，更直接影响到当地及沿线经济的发展，影响到社会资源的有效配置。随着公路工程建设规模不断扩大，社会期望目标日益提高，对公路建设管理的要求也越来越高。参建各方管理能力的强弱及运作效率的高低，将直接关系到公路建设目标的实现。因此，急需利用新的理念、新的方法、新的模式和新的管理技术来解决新形势下高速公路建设所面临的一系列问题。

二、公路建设管理规范的背景

自 20 世纪 80 年代末推行收费还贷政策以来，我国公路建设，特别是高速公路建设正以前所未有的速度发展，在此期间，公路建设管理总结经验，工程管理质量也在不断提高。随着公路投融资体制不断改革和公路建设两个体系的不断完善，建设项目法人负责制、工程建设咨询制、全面招标投标制、工程建设监理制和合同管理制的有效推行，促进了公路建设管理工作逐步向规范化发展。然而，在先进的管理理念和管理方法不断涌现的新形势下，我国公路建设的管理理念、管理模式、合同管理、信息管理、管理方法以及管理体系等都需要进一步发展。

（一）公路建设管理理念的创新

公路建设项目依靠决策者的思路实施对建设项目的管理，由于决策者的管理经验和管理水平的不同，而产生管理理念的不同，这些理念往往包含了新的内容。在建设管理过程中，按照国家规范的指引，不同项目设定了相同的管理目标，但由于他们所采取的管理理念和方法不同，有些项目由于没有严格地执行标准而导致结果的失败。执行力不足是当前公路建设管理面临的最大问题之一，也是长期困扰行业可持续发展的主要问题，也是"路烂烂""桥塌塌"存在的根源，并已经成为制约公路建设管理水平和建设品质提高的瓶颈。

因此，急需更新现有的建设管理理念，强调对建设目标的一致认同、持久关注、切实执行和控制反馈，以事事执行到位、事事控制到位的全方位管理思路，来解决新形势下公路建设和行业发展所面临的问题。

（二）公路建设管理模式的改革

传统的公路工程建设一般采用"工程指挥部模式"，依靠行政权力、运用行政手段实施工程建设管理。由于工程指挥部是临时性的非专业化组织，一定程度上影响了公路工程建设管理水平的提高。随着 2016 年国家计划委员会《关于实行建设项目法人责任制的暂行规定》的出台，公路建设管理模式逐步变革，形成了收费公路建设体系与市场经济相匹配的公司项目法人责任制和非收费公路建设体系的专业化的管理公司代建制模式。近年来，在收费公路建设体系，集中指挥部综合协调能力强和项目法人责任明确的优势，形成了颇具中国特色的"指挥部项目法人"模式。

公路建设实施方式也从传统的设计—招投标—建造管理模式向多样化方向发展，形成BOT（建设—经营—移交）模式、（设计—建造）模式、BT（建设—移交）和 CM（建设—管理）模式等多种方式并存的局面。不同的建设组织实施方式有其优缺点和适用范围，需要根据项目特点和业主管理水平灵活选择，以实现管理效益的最大化。

（三）公路建设合同管理的强化

我国推行合同管理起步较晚，自 20 世纪 80 年代初期颁布《中华人民共和国经济合同法》以来，合同管理才纳入规范化、法制化的轨道，而在公路工程建设领域，合同管理的应用还处于起步阶段。公路工程建设项目的实施是通过签订一系列的建设合同来实现的，而参建各方合同的履行则需要依靠各种管理制度和管理办法来进行规范和约束。

目前，在公路工程建设管理过程中，业主虽然制定了各种管理制度和管理办法，却往往由于各种原因，造成制度执行与合同的履行不能有机结合在一起。因此，如何真正将管理者制订的各种管理制度、办法融入合同管理中，实现管理制度和合同管理的有机结合，保障项目战略目标的落实到位，成为公路建设合同管理的重点。

（四）建设信息管理的推行

为解决公路建设存在规模大、专业多、工期长、管理任务繁重等问题，公路建设部门利用迅猛发展的计算机和信息技术，开始运用现代化的信息管理手段对公路建设工程进行管理。一些管理者开始在大型建设项目引入或自行开发了项目软件进行管理。然而，从国外引入的管理软件与我国公路行业特色和管理模式不同，需要结合我国建设管理实践做进一步研究和改善；而国内自行开发的软件，如东方思维、同望管理等公路建设管理软件，则存在片面性，它们缺乏系统管理体系或理论的支撑，因此，在系统性方面还亟待提高。

同时，我国公路工程建设信息管理还存在软件应用不统一、数据不兼容、版本过多等不足。随着现代项目管理理论和计算机网络信息技术的快速发展，国内某些大型公路建设项目开始积极开发和运用项目信息化管理系统，以保证项目建设的顺利进行，满足建设管理工作规范化、科学化的需要。

（五）公路建设管理方法的创新

建设管理方法的创新一直以来是土木建筑界和工程管理学界研究的重点，具有指导性意义的《中国工程项目管理知识体系》由中国建筑业协会工程项目管理委员会（CPMC）颁布，其管理方法的总结、集中研究与完善受到了关注。随后，其管理方法也开始在公路建设领域中应用，如建设目标直接管理方法，因果分析法、网络计划方法等，以及建设过程的合同管理、人力资源管理、信息技术管理等。

然而，上述的管理方法均没有将公路工程建设项目看作一个系统，而是将项目建设目标和建设过程割裂开来进行管理，不能实现系统最优的效果。因此，需要运用系统思想对公路工程建设管理方法加以优化和创新，通过信息反馈与调控，对公路建设管理的各目标、各环节、各要素、各过程进行全面协调，保证项目整体效果最优。

（六）公路建设管理体系的建立

在我国现阶段，公路建设的业主、监理、承包三级管理模式由于三者执行主体在能力和意识中存在的问题，在建设管理环节出现的执行能力低、控制水平差的情况，造成工程建设预期目标无法实现。在我国，由于公路建设的社会性和投资主体、管理模式多样性决定了不同项目管理水平和技术能力的不稳定性，导致工程目标实现的不确定性，其中，必定有部分项目存在对建设目标执行的偏差和过程控制的不力。根据"十二五"公路建设规划，以现有的建设管理状况以及业主、监理、施工等参建主体的综合素质和技术实力，要客观、全面、高质量地完成工程建设目标难度很大。作为工程建设执行主体，生存与发展是施工单位面临的最大困难，施工企业以承接工程任务量、施工效益作为内部考核最主要的衡量指标，一些企业甚至以唯利是图作为生产经营的出发点，这些指标与我国推行的招投标制度的精神相矛盾；另外，在公路建设的第一线，我们所看到经常是凌乱的现场和凌乱的无法统一的工作装扮，不少一线工人是刚刚到城市务工的农民（农民工），而一线技术人员很多缺乏工程管理经验。这种缺乏系统锻炼和专业培训的建设者同样缺乏正确的工程世界观，又如何保证他们能够创造出稳定精品工程？公路建设管理的不良现状将造成执行力低下并导致工程目标无法实现。因此，需要建立一套规范有效的管理技术体系，加强对工程建设全过程的控制，以确保建设目标的实现。

三、行业发展的背景

我国公路工程建设规模和建设速度给广大的工程技术人员提供了广泛锻炼的机会，在取得创新成果的同时，也留给工程人员许多实践经验。一方面，在工程建造技术上形成国家或部颁布的设计技术标准或施工技术规范等，同时也形成了技术实践基地，现阶段，在我国公路建造技术与发达国家相比处于同步的水平；另一方面，在管理技术上，除了建设规模和建设速度支撑的奉献精神和处于"碎片化"和"浅薄化"状态的管理经验外，没有形成系统的、能够留给行业发展需要的、具有持久生命力的管理理论或管理技术体系；另一方面，公路建设世界观和管理方法论的与发达国家相比存在差别，公路建设成就只能做到"独乐乐"而无法做到"众乐乐"，公路工程技术和管理经验的无法实现有效复制，公路建设领域频频发生的事件和工程寿命的缩短，正在威胁行业的可持续发展。

总之，从我国公路建设、建设管理、行业发展的现状和背景出发，必须构建合理的可持续发展的工程规范化管理技术体系，实现工程管理技术与建造技术的无缝对接。同时，培养广大工程技术人员树立正确的工程世界观和应用工程技术的方法论，把工程技术落实到全寿命管理的观念。因此，构建公路建设规范化管理技术体系成为我国公路行业实现可持续发展的重大而现实的课题。

四、公路建设规范化管理体系的研究意义

进行公路建设规范化管理技术体系研究，就是试图将公路工程管理技术的各种要素整合为一个有机的整体，其根本目的在于建立一套规范、系统、公平、内在和谐、具有长久生命力的适用于中国公路工程管理的理论和技术体系，对公路工程及其文化的升华、历史的继承具有重大的现实意义。

（一）实践意义

由于我国许多公路工程管理的相关理念、制度、行为规范、技术标准及管理经验等都是在其自身发展的不同历史阶段提出或制定的，有些也是为了适应我国经济政治形势需要和改革开放的不同阶段的需要，甚至于是为了适应特定目的或环境而采取的权宜之计，缺乏对公路建设管理技术体系的建设通盘考虑和统筹规划。这种"功利性""短视性""片状化""浅薄化"的行为没有"体系化"的事先谋划，再加上缺乏经验，导致对公路建设管理技术体系化缺乏宏观视野，没有考虑到公路建设管理技术各子项自身的体系化和公路建

设管理技术整体的体系化建设，这就使得公路建设管理技术各个子项内部和各个子项之间经常存在着冲突与矛盾的现象。公路建设管理技术体系化建设能够消除现行公路建设管理技术中的各种理念、各种制度和各种行为中的混乱与冲突、浅薄与盲目，将公路建设管理技术的各子项体系化并整合为有机的公路建设管理技术整体，建立起适应公路工程建设发展要求的，内在和谐一致的工程规范化管理技术体系，为公路工程建设和经营管理提供一以贯之的精神指南和持续有效的制度规范，对于公路工程项目科学决策和管理水平的提高及工程目标的实现和可持续发展，有着深远的战略意义和重要的现实意义。

（二）理论意义

公路建设规范化管理技术体系研究，实际上是将大量实践活动进行理论上的总结、梳理和升华的过程。这种体系化一方面是对实践的系统化认识和抽象总结，又是进行理论研究的基础。因为公路工程管理技术的体系化有助于实践素材的归类和存档，这样可以为理论研究搜集大量规范化的一手资料并提供相对清晰的研究思路，有助于形成有价值的理论研究成果。公路建设规范化管理技术体系研究是工程建设研究领域的重要内容，更是指导公路工程建设的科学武器，开展对公路工程管理技术体系的研究将是综合信息技术学、建筑学、工程学、管理学的创新性研究，极大丰富了工程研究的视野和内容。同时，我国公路工程管理技术体系研究尚处于起步阶段，体系化研究在工程管理理论领域的有益尝试和探索具有现实指导意义。

（三）推广意义广

公路建设规范化管理技术体系研究产自于实践，用之于实践。公路建设规范化管理技术体系研究过程中，需要对每一个概念、每一项制度、每一条规定的内涵和外延做出明确的定义与划分，以消除在制定价值理念、规章制度和行为规范中模棱两可、难以推广应用的顽症，为公路建设规范化管理技术体系落地生根、推广应用提供基本前提和极大的便利。公路建设规范化管理技术体系化的重要优势之一就在于学习、应用的方便性和操作的可行性，可以成为大众借鉴参考的某种权威和标杆，并实现管理技术及经验的快速复制和推广。同时，体系化建设也将促使公路工程建设管理者在经营管理中形成系统化的思维观念和行为方式，并利用这种观念和行为方式分析解决前进中的问题，从全方位的角度解决工程管理中遇到的难题和矛盾。

（四）历史意义

公路建设规范化管理技术体系的形成一方面总结了众多重大工程的管理经验，另一方面继承了工程发展史中工程技术、工程管理和管理技术的精髓。在现实意义上，一方面，它的理论先导性提供了具体公路工程实践中执行工程技术的科学方法论，避免了公路建设管理技术的缺位或者无重心的真空状态，为公路工程建设和经营管理指明了方向；另一方面，规范化管理技术的体系化中对公路工程过程内容的"扬弃"、继承和发展，必然具有可持续生命力。公路建筑管理技术体系，对继承和发扬我国公路建筑管理技术精神、有效促进我国公路工程可持续发展具有重要的历史意义。

五、建设规范化管理研究

在建设工程规范化管理研究方面，国内关于建设工程规范化管理的系统研究成果比较少见，大多是建设工程不同目标的规范化管理，如质量规范化管理、成本规范化管理等，或是从建设工程的不同阶段规范化管理，如招投标规范化管理。或与之相近的标准化、精细化的研究成果。

（一）规范化管理

任明忠（2013年）认为项目规范化管理，就是根据工程项目管理的内在要求，结合市场经济发展规律和企业的自身特点，以项目管理原理为基础，运用TQM和ISO9004标准以及系统工程等科学管理方法和原理，结合过去项目管理的经验，用程序文件规范项目管理体系运行，实现项目管理层次清晰，管理职责明确，过程管理优化，整体协调发展，管理体系持续改进，进而达到优化资源配置、缩短工期、提高质量优良品率、降低成本消耗、提高经济效益的目的。

陈雪昕（2015年）认为规范化，就是我们通常所说的标准化，是在经济、技术、科学及管理等社会实践中，对重复性事物和概念通过制订、发布和实施标准（规范、规程、制度等），达到统一以获得最佳秩序和社会经济效益。

苏畔河，王芳（2015年）认为，规范化管理，是对常规性管理活动做出的规定，主要是在规定"谁做干什么"的基础上，对于"如何做""做到什么程度"的进一步规定。规范化管理的主要目的就是要减少工作中的随意性，保证各项工程管理工作协调、高效地运转，而要实现这个目的，就需要通过建立科学合理、明确、可操作的规范的工程管理秩序来实现。

（二）标准化管理

张玉峰（2017年）认为标准化是指把已经成功的方法固定成为标准实施。项目管理标准化就是在总结项目管理优秀经验和做法的基础上，将其制定成为标准并实施，使人为化的项目管理转化为制度化的项目管理。项目管理标准化的内容包括两个方面：一是项目部的外部展示；二是包括了项目管理结构设计、人力资源管理、技术管理、供应管理、信息管理、质量管理、安全管理、成本管理、风险管理、后勤保障、财务管理等专业化管理的内容的内部管理。另外，ISO指南2（2011）对标准化也重新下了定义：在一定的范围内获得最佳秩序，对实际的或潜在的问题制定共同的和重复使用规则的活动即为标准化。同时，标准化也是一种有组织、有序化的活动，包括制定、发布及贯彻实施标准的过程。

（三）精细化管理

刘阵（2017 年）认为精细化管理是一种管理理念和管理技术，是通过规则的系统化和细化，运用程序化、标准化和数据化的手段，使组织管理各单元精确、高效、协同和持续运行。

于宏（2017 年）认为精细化管理就是落实管理责任将管理责任具体化、明确化。它要求每一个管理者都要到位。尽职，第一次就把工作做到位。工作要日清日结，每天都要对当天的情况进行检查，发现问题及时纠正、及时处理等。

罗洋（2011 年）认为精细化管理不单是思想理念，还是管理技术，他的推进逻辑是从企业目标设定关键业务流程的梳理。岗位职责与相互关系的制定，工作方法与训练最终到工作机制的形成的逻辑关系。是事与流程，人与岗位从明确、准确到精确，达到标准化的过程。

国外在规范化管理方面的研究相对比较成熟，主要体现在国际标准和专业标准的实施方面，如国际标准化组织的 ISO9000 标准和美国卡耐基—梅隆大学软件工程研究所（SEI）的能力成熟度模型（CMM）。这两者对于规范化管理不仅体现在标准方面的意义，更体现在管理思想和原则方面的意义。

自 20 世纪 60 年代我国引入项目管理以来，在项目管理模式规范化进程中，已经取得了显著的成绩，具体体现在：在组织体系上，实行政府监督、第三方认证、企业自控管理体系；在质量认证上，推行 ISO9000 系列质量认证体系；在管理制度上，推行项目法人制度、建设工程报建制度、市场准入制度、招投标制度、施工许可证制度、政府监督和社会监理制度、合同管理制度、竣工验收备案制度等，并建立一套以各参与方责任制为核心的管理法规和规章。在管理方法上，既注重结构管理，注重工程全过程的管理，又注重影响因素的管理。

近些年，我国制定和颁布了一些新的法律、法规、规章和增补、修订了大量的技术标准如建设部颁发国家标准《建设项目管理规范 GB/T50326—2011》，铁道部、各省交通厅相继颁发行业管理办法或相关文件，如铁道部《铁路工程建设标准化管理办法》（铁科教〔2011〕34 号）、《铁道部关于推进铁路建设标准化管理的实施意见》（铁建设〔2012〕154 号）以及《湖南省公路建设精细化管理办法》《河北省公路项目建设精细化管理指导意见》《河南省标准化管理办法》等。

《建设项目管理规范 GB/T50326—2011》在总结我国二十多年来学习借鉴国外先进管理方法和我国建筑行业项目管理实践经验的基础上，对项目管理的相关概念进行了说明，对项目管理的范围及其管理界定与规范。《建设项目管理规范 GBAT50326—2011》的颁布进一步深化和规范了工程项目管理的基本做法，为我国项目管理提供了统一的依据，对推进我国工程项目管理科学化、规范化和法制化，不断提高我国工程项目管理整体水平起了很大的作用。但《建设项目管理规范 GB/T50326—2011》中主要是一些指导性原则，缺乏具体、明确、细化的操作步骤与流程，针对性不强。

铁道部有关于铁路行业标准化的管理办法及相关文件对我国铁路行业的建设以及管理方面做出了要求，一方面提出了标准化管理的原则要求，统一了行业技术标准、管理标准等，促进了我国铁路建设的标准化、规范化；另一方面较《建设项目管理规范 GB/T50326—20U》而言其更具有针对性，更为明确，具体表现在其积极运用全面质量管理、ISO9000 质量体系、网络计划技术等现代管理方法，具体提出了管理制度标准化、人员配备标准化、现场管理标准化、过程控制标准化，使得标准化管理更为科学，在保证工程质量安全的同时，有效提高铁路建设管理水平，高标准、高质量、高效率地完成大规模铁路建设任务，大力推行铁路建设标准化管理。但仍然缺乏一定的实际操作性。

各省交通厅的精细化管理办法大体相同，以《湖南省公路建设精细化管理办法》为例，它明确了精细化管理的主体及其职责，涵盖建设管理、勘察设计、工程施工、施工监理、质量与安全生产监督等各个环节的精细化管理体系；提出了在公路建设过程中，需要明确岗位职责，把握建设过程中的具体细节，建立健全科学的精细化管理制度，制订每道工序精细化施工的具体要求、工艺流程，明确每道工序责任人，并制定相应的考核制度的要求来保证精细化管理。同时，还明确了实施精细化管理，需要对管理目标、标准、任务、流程进行细化。它的出台进一步提高公路建设管理水平，促进公路建设管理的科学化、规范化和程序化，确保公路建设项目工程质量和安全生产。虽然交通厅颁发的各省精细化管理办法的提出有重大的意义，推进了精细化管理，但没有给出具体的管理实施细则。

这些重大举措大大地推进了建设工程管理程序化、法制化、制度化、规范化的进程。但是尽管交通行业颁布了各类管理办法，试图规范交通建设领域管理行为，但一方面只给出了建设管理过程中的原则性要求，指导实践的可操作性不强，另一方面这些办法缺乏系统性，对提升项目执行力或整个行业管理水平和能力作用不明显。

第二节　系统论

一、系统论的概念

系统论是科学高度发展的产物，它为我们提供了一种符合复杂系统特点的科学的思维方式，对于理解复杂系统具有重要的指导价值。它随着社会的发展，企业环境的变化而变化。只有用系统思维才能构建科学的胜任力模型结构。

英文中"系统"一词来源于古代希腊文，意为部分组成的整体。而今，对于系统的定义已多达几十种。人们从各种角度上都对其进行了阐述。通常把系统定义为：由相互联系、相互作用的许多要素结合而成的具有特定功能的统一体。而系统、要素、结构、功能这四个概念被包括在了这个定义之中，揭示了系统内部各要素之间、系统整体与内部要素及外部环境之间的关系。系统论认为所有系统都具有整体性、关联性、等级结构性、动态平衡性、时序性等。基本特征系统论的奠基者贝塔朗菲强调，任何系统都是一个有机的整体，其中的各个组成部分是紧密相关、相互作用的，其整体功能大于它的各部分之和。将所研究的对象视为一个系统，探究系统内部的组成及特性，分析系统功能及系统、要素、环境三者之间的相互关系，总结系统与内外部环境间的关系变动规律性，优化系统整体功能。系统的类型是多种多样的，对其的划分可以按不同的原则和情况。按系统生成的原因分类可划分为自然系统、人工系统、复合系统；按系统的构成内容分类可划分为实体系统、概念系统；按系统与环境的关系分类可划分为闭系统、开系统；按系统状态对时间的关系分类可划分为静态系统、动态系统等。系统论的任务在于认识系统的特点和规律，并通过这些规律去控制、完善或创造系统，使系统的发展满足系统存在的目的要求。

二、系统具有以下几种基本特征

（一）系统的整体性

系统的整体性指的是系统是由若干个要素组成的具有一定新功能的有机整体，各要素作为系统的子单元一旦形成了系统整体，就具备了单独要素所不具有的特性和功能，从而形成了系统新的性质，使系统表现出了各要素简单累加所不能达到的整体的性质和功能。从事物存在的方面看，一个系统之所以区别于另一系统是因为系统都是作为一个整体而存在的，是由系统所需的各个要素按照合乎逻辑的规律，有机组成的一个整体。系统各个要素之间存在着相互依存而又相互制约的关系，具体表现为各要素之间进行的物质和能量的相互交换。系统作为一个有机的整体，任何一个要素的改变都会对其他要素产生影响从而导致系统整体性的变化。

（二）系统的结构性

系统的结构性是指系统各个要素之间的互动渠道、构成顺序及其在空间和时间上的表现形式，同时它决定了系统的整体性能。而任何系统都具有比较稳定的结构，系统的结构不同，系统的质的规定性就不同，系统就有质的区别。从这一角度来说系统又是要素和结构的统一。从形成系统整体性能来看，系统的结构反映了系统中各个要素相互联系、相互制约使得系统具有了整体行为，而结构相较于要素更具有决定性的作用。合理的结构对系统的发展和系统要素的发挥都起到了促进作用。系统的结构性对系统结构的优化提出了要求，以实现系统功能发挥的最大化。

（三）系统的层次性

系统的层次性，是指由于组成各系统要素在其组合方式等方面的差异，使系统内部结构在地位及功能上显现的等级秩序性。系统的层次之间存在着从属关系，低层次的系统组成了高层次的系统，而高层次的系统包含着低层次的系统，低层次从属于高层次。而系统各层次之间是一种整体和部分、系统和要素之间的关系，各层次之间相互区分又相互联系，不仅是相邻上下层之间受到相互影响、相互制约，而是多个层次之间发生着相互联系、相互作用，有时甚至是多个层次之间的协同作用。系统的层次性具有多样性。层次的划分可以通过不同的角度进行，例如时空尺度、组织化进程、运动状态或是历史长短等。

（四）系统的开放性

系统的开放性是指系统不是一个封闭的整体，它需要不断与所处环境进行交换以实现系统的稳定发展。只有开放的系统才可能自发组织起来向更有序的状态发展。而现实的系统都是开放系统，系统总是处于与环境的相互联系和相互作用之中，通过系统与环境的交换，潜在的可能性就有可能转化为现实性，转化为现实的东西，因而也就是具有发展潜力的系统。系统开放、系统与环境的作用是相互的，这就同时意味着，内因和外因的作用也是相互的。现实的系统总是存在不同程度的开放性，总是发生着系统与环境的相互联系和相互作用。由于系统层次的相对性，系统的开放性不单单是面向外部环境的，同时向系统内部开放从而产生对系统整体性的影响。

（五）系统的自组织性

系统的自组织性是指开放的系统在内外部环境共同的非线性相互作用下，内部要素向着偏离稳定状态的方向发展，当某些偏离对系统的稳定产生大范围的影响时，系统会自发组织起来对系统内部进行调整，重新形成有序稳定的状态。系统自组织理论的研究表明充分开放使系统能够与外部环境进行充分的交换是自组织演化的前提条件；非线性相互作用使系统稳定状态发生偏离是自组织演化的内在动力；涨落使系统的偏离产生大范围的影响成为自组织演化的原初诱因；循环使系统要素之间形成新的秩序是自组织演化的组织形式；相变和分叉使系统的偏离形成新的平衡体现了自组织演化方式的多样性。系统的自组织其实就是系统进化的过程，本质上体现的是系统的和目的的发展，而自组织真正得以实现的内在根据则是系统内部的复杂的相互作用，这是非线性相互作用。

（六）系统的目的性

系统的目的性是在系统发展的变化之中表现出来的。系统是开放的系统，在系统与环境，高层次系统与低层次系统之间不断地开放及交换物质、能量和信息的过程中，系统的潜在的发展能力得以表现，所谓的目的性也就表现于其中。真正的系统的目的性，实际上是系统发展变化的阶段性与系统发展变化的规律性的统一。而对于系统目的的控制就是在一个事物可能性空间中进行有方向也包括有层次的可能的选择，这种选择在系统尚未发生重大变更时就采取措施，从而实现有效的控制。公路工程系统观认为：工程本身是一个系统，它的构成要素是人、物料、设备、能源、信息、技术、资金、土地、管理等；各构成要素之间以合乎逻辑的规律有机地形成了一个整体；工程与它的外部环境（自然、经济、社会等）是一个包括工程在内的更大的开放系统。公路工程建设管理技术体系必须实现工程内部层次之间的和谐，实现工程内部环境以及内部和外部的系统和谐，同时这个体系也是一个动态的体系，这种动态的更新过程主要通过评价反馈机制来实现。

第三节 执行控制理论

人类认识客观世界和改造世界的历史进程，总是由低级到高级、由简单到复杂、由表及里的纵深发展过程。在控制领域方面也是一样，最先研究的控制系统都是线性的。例如，瓦特蒸汽机调节器、液面高度的调节等。这是由于受到人类对自然现象认识的客观水平和解决实际问题的能力的限制，因为对线性系统的物理描述和数学求解是比较容易实现的事情，而且已经形成了一套完善的线性理论和分析研究方法。但是，对于非线性系统来说，除极少数情况外，目前还没一套可行的通用方法，而且每种方法只能针对某一类问题有效，不能普遍适用。所以，我们对非线性控制系统的认识和处理，基本上还是处于初级阶段。另外，从我们对控制系统的精度要求来看，用线性系统理论来处理目前绝大多数工程技术问题，在一定范围内都可以得到满意的结果。因此，一个真实系统的非线性因素常常被我们所忽略了，或者被用各种线性关系所代替了。这就是线性系统理论发展迅速并趋于完善，而非线性系统理论长期得不到重视和发展的主要原因。

但是，随着科学技术的不断发展，人们对实际生产过程的分析要求日益精密，各种较为精确的分析和科学实验的结果表明，任何一个实际的物理系统都是非线性的。所谓线性只是对非线性的一种简化或近似，或者说是非线性的一种特例。例如一个最简单的大家都熟悉的例子就是欧姆定理。欧姆定理的数学表达式为 $U=IR$。此式说明，电阻两端的电压 U 是和通过它的电流 I 成正比，这是一种简单的线性关系。但是，即使对于这样一个最简单的单电阻系统来说，其动态特性，严格说来也是非线性因为当电流通过电阻以后就会产生热量，温度就要升高，而阻值随温度的升高就要发生变化。欧姆定理就不再是简单的线性关系了，而是如下式所示的一种非线性关系：$I=m_ct/(R+\alpha)$。

式中，R_0 是 0℃时的电阻数值，m_c 是电阻的热容量，α 为电阻的温度系数，t 为电流通过电阻的时间。动力学中的虎克定理、热力学中的第一定律以及气体的内摩擦力等也都有类似的情况。

对非线性控制系统的研究，到 20 世纪 40 年代，已取得一些明显的进展。主要的分析方法有：相平面法、李亚普诺夫法和描述函数法等。这些方法都已经被广泛用来解决实际的非线性系统问题。但是这些方法都有一定的局限性，都不能成为分析非线性系统的通用方法。例如，用相平面法虽然能够获得系统的全部特征，如稳定性、过渡过程等，但大于三阶的系统无法应用。李亚普诺夫法则仅限于分析系统的绝对稳定性问题，而且要求非线性元件的特性满足一定条件。虽然这些年来，国内外有不少学者一直在这方面进行研究，也研究出一些新的方法，如频率域的波夫判据，广义圆判据，输入输出稳定性理论等。但总的来说，非线性控制系统理论目前仍处于发展阶段，远非完善，很多问题都还有待研究解决，领域十分宽广。

非线性控制理论作为很有前途的控制理论，将成为 21 世纪控制理论的主旋律，将为我们人类社会提供更先进的控制系统，使自动化水平有更大的飞越。

控制系统有线性和非线性之分。严格地说，理想的线性系统在实际中并不存在。在分析非线性系统时，人们首先会想到使用在工作点附近小范围内线性化的方法，当实际系统的非线性程度不严重时，采用线性方法去进行研究具有实际意义。但是，如果实际系统的非线性程度比较严重，则不能采用在工作点附近小范围内线性化的方法去进行研究，否则会产生较大的误差，甚至导致错误的结论。这时应采用非线性系统的研究方法进行研究。

非线性系统的分析方法大致可分为两类。运用相平面法或数字计算机仿真可以求得非线性系统的精确解，进而分析非线性系统的性能，但是相平面法只适用于一阶、二阶系统；建立在描述函数基础上的谐波平衡法可以对非线性系统做出定性分析，是分析非线性系统的简便实用的方法，尤其在解决工程实际问题上不须求得精确解时更为有效。

第四节　公路建设执行控制理论

一、执行控制理念的兴起

"执行"和"控制"两词在企事业管理、工程管理或者社会管理中经常使用，在著名的戴明管理闭环（PDCA）系统和很多经典的管理理论中，执行和控制都是其中的一部分内容。在管理学，人们普遍认为好的战略或计划是企业取得成功的关键，因此，他们关注如何制订战略、如何做好计划，制订一系列的管理制度。然而，在企业的经营和工程管理实践中人们发现，尽管企业的经营条件相似，并且战略雷同，但最终结果却不同，有的取得了成功，有的却失败了。在很多工程项目，他们制订了相同的建设目标，采用同样的规范和技术标准，甚至采用同样的管理制度，但他们取得的结果经常不同，有重大成功，也有严重失败。其原因何在？在企业管理，美国企业家拉里·博西迪（Larry Bossidy）认为，一家公司成功与否以及和其竞争对手之间的差别在于双方执行的能力，执行力的不同才是导致企业绩效相差甚远的原因。在工程管理，实践告诉我们：建设目标实现与否，关键在于实施单位的执行力和管理单位的控制力，是执行与控制的有机与和谐的结合。

麦当劳、肯德基的西式快餐在中国绝顶美食面前大为逊色，却不影响其在数十年里席卷全球，包括美食之国——中国。其实，麦当劳、肯德基的战略极为清晰、简单，按常理说完全可以模仿。但是，为什么只有它们取得了巨大的成功？

在美国，各家便利商店和经营方式大致雷同，为什么只有便利店和星巴克咖啡店一枝独秀，为什么他们绩效却大不相同？在零售业，优秀企业的典范沃尔玛一个看似平淡无奇的战略，创造出全球最大的零售公司，在过去的四十年中，没有任何公司能成功地模仿沃尔玛在战略制定和执行控制谁更为重要的问题上，众多优秀的企业和卓越的企业家给出了自己的答案，他们的成功与其说是战略制定的成功，不如说是执行控制的成功。

美国企业家拉里·博西迪（Larry Bossidy）和拉姆·查兰（Ram Charan）所著的《执行》一书畅销全世界，让世界各地处于困境中的企业看到了希望的曙光，执行控制理念开始深入人心。执行控制理念的提出使实践领域和理论领域都认识到：企业获得成功的关键是企业执行控制的程度。

对于现阶段我国大多数企业管理或者工程管理的组织而言，战略与目标制定自然是重要的，而过程执行和效果控制更为重要。为什么许多企业和工程建设的所谓战略或目标最终都没有实现呢？大量的事实告诉我们，企业经营和工程组织由于执行不力、控制失效而亏损、失败，它们在给我们带来惨痛教训的同时，更给我们带来警醒：执行和控制问题不可忽视。

二、控制的内涵

按照《辞海》中的解释，执行是指"把政策法令或计划等付诸实施"，控制是指"对系统进行调节以克服系统的不确定性，使之达到所需要状态的活动和过程"。关于执行控制的理念，管理学界尚无一个明确的界定，不同学者从各自的理解和侧重点出发，提出了各种不同的观点。

（一）经典管理理论中的执行控制思想

历史上很多经典的管理理论，包括费雷德里克·泰勒的科学管理理论、马克斯·韦伯的组织理论、亨利·法约尔的一般管理理论、梅奥的人际关系理论等观点都含有执行和控制的基本思想。例如，法约尔将管理概念的定义为："管理是普遍的一种单独活动，有自己的一套知识体系，由各种职能构成，管理者通过完成各种职能现实目标的过程。"管理过程包括计划、组织、指挥、协调、控制五项基本职能。法约尔认为管理始于计划、终于控制。计划是管理的首要职能，控制就是调整目标或者采取措施保证目标实现。有些企业管理失效，可能源于没有明确的目标和计划，或者是执行者不知晓具体目标与计划，从而出现执行过程与计划的差异，控制也没有及时取得调整作用，造成目标无法实现。在管理过程，执行的中间结果偏离计划轨道是正常现象，每当出现"结果偏离"时，"控制"成为一项必需的管理职能。

（二）"戴明环"中的执行控制思想

"戴明环"又称为PDCA循环，是由美国质量管理专家戴明所提出的一种系统的科学的思维方法和全面质量管理的程序。它包含了四个环节：规划（Plan）、执行（Do）、检查（Check）、行动（Action），如图2—1。"戴明环"形成了一个闭环系统，而系统内的每一次循环都是以确保计划目标的实现为目的的，所以PDCA循环本身就提供了很好的执行保证系统。在PDCA管理闭环中明显地包含了执行与控制的管理思想。

规划（Plan）：包括制订方针、目标及行动纲领，对从事任何事情都必须先有计划。

执行（Do）：实现计划中的内容，严格执行具体的行动纲领，避免做计划外的事情。

检查（Check）：检查并总结执行计划的效果，分析优劣对错，找出问题。

行动（Action）：对检查发现结果进行处理，如果检查发现结果与计划有差异，必须立即采取措施进行控制，以保证目标的实现；如果结果成功，则加以肯定，并制订经验或标准加以推广。

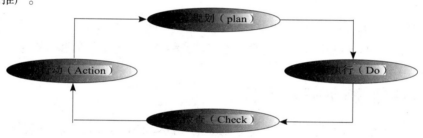

图 2—1 PDCA 管理循环

（三）《执行》一书的执行控制思想

拉里·博西迪和拉姆·查兰在《执行》一书中向人们阐述了一个全新的执行概念。他们通过对多年的企业管理、公司运作及咨询实践的经验总结，认为执行并不仅仅局限于管理运行的环节中，而是贯穿于整个管理循环的全过程，这不仅要求管理者及其员工必须严格按照战略和规划执行，还要求管理者在制定战略和规划时必须考虑执行的可行性。拉里·博西迪和拉姆·查兰在书中指出了执行的内涵："执行是一种学问，要了解执行的意义，必须谨记三项关键要点：执行是一种纪律，是战略内在的不可分割的组成部分；执行是企业领导人首要的工作；执行必须成为组织文化的核心元素。"另外，书中时刻告诉我们，执行的效果成功与否，需要对执行效果的有效控制。

在拉里和拉姆看来，执行和控制更多的是一整套非常具体的行为和技术，是企业战略和目标的重要组成部分，是成功的关键所在；执行和控制是一套系统化和体系化的管理流程，从战略、目标、计划的制订都经过严密调查、分析、讨论、跟进以及责任的落实，到企业面临困境的假设及组织的能力水平评估，将战略、运营与实施战略的相关人员进行有机结合并进行部门协调，落实将奖励与产出结合。同时，提出环境变化的更新机制，时刻准备提高公司执行力以迎接新的机遇和挑战。因此执行和控制的有机结合，应该是一门将战略与运行、组织与流程相结合，并实现预定目标的管理学问，是公司发展战略、计划目标和管理职能的核心部分。

当今，提高执行能力和控制能力已经从企业界延伸到具有社会性特征的工程管理和社会管理中。

（四）中国历史的执行控制思想

春秋战国时期，各诸侯国时兴"以法为政"；秦孝公时代著名的"商鞅变法"推行"法（执行）治（控制）"，同时强调"世异则事异，事异则备变"（实事求是，与时俱进）管理，终于统一全中国（目标管理）。

在新民主主义革命，"三项纪律八项注意"成为中国人民解放军的优良传统和行动准则；"一切行动（执行）听指挥（控制）"，统一了全军的纪律并指导斗争实践，最终建立新中国（目标管理）。

中国历史的经典与执行控制管理理念一样，以目标管理为核心，强调"法治"、行动、指挥的有机统一，从实践中来、到实践中去，符合科学、辩证发展的客观规律。

三、执行控制的核心要素

从管理理论到管理实践提出了执行控制理论。执行控制是完成任务、将具体计划付诸实现的学问，是管理中不可或缺的重要环节。

执行控制理论包括三个核心要素——战略要素、人员要素、运营要素。执行控制理论是将三大要素有机结合的理论。

（一）战略要素与执行控制

制订战略和目标是企业发展和实施管理的根本出发点，执行控制的意义在于实施正确的战略，实现管理的目标。执行的对象是战略，执行的意义在于把战略做正确，执行结果的意义在于实施正确的战略，实现既定目标，因此，正确战略的制订至关重要。战略制订是管理者战略眼光的诠释，合理可行的战略，一方面要求战略必须适合于具体的竞争环境，另一方面要求管理者制定战略时必须考虑战略执行的可行性和彻底性。战略必须与执行相匹配，管理者制定战略后也需要参与执行。在战略执行中，只有管理者及时、准确地发现战略存在的问题并进行严格的控制，依据执行状况及时纠正执行偏差和调整战略，才能保证战略目标的实现。如果管理者角色定位错误，忽视执行效果，等到发觉战略不能执行再调整，已经造成结果的失败。为了更好地理解战略要素的基本内涵，借鉴萨嘉塔（Robert Zagotta）的论点，提出有效执行和控制的步骤：

1. 量化目标

重大的战略和远大的目标经常压得人喘不过气来，譬如"创造世界一流企业""成为行业企业的领跑者"等。量化目标能将企业虚无缥缈的梦想，转换成具体的、可行的目标。

2. 宣传战略

战略是企业经营的核心，必须让所有员工清楚企业的战略目标。然而战略本身是复杂的，因此企业必须用简单、直接的口号传达战略的精髓，将战略融入员工的生活。当福特汽车品质遭受质疑时，他们打出了"品质是优先要务"的口号，使员工明白公司的质量战略。当工程质量管理出现松懈时，开展质量管理活动年活动。

3. 强调效果

管理者制订明确的执行内容、设定目标实现的阀值作为瞥讯之用，并采用管理手段和工具来衡量重要指标。落实部门、人员，限制时间、明确质量标准或完成的经济指标作为行动的效果。例如某企业拓展湖南市场，经过调查后制订出"年实现销售额 ×× 万元，利润到 ×× 万元"的目标，并指派一位负责人负责战略目标。

4. 落实重点

执行者的时间、精力都是有限的，只有把时间和精力集中到重点工作去才能把事情做好，一般的员工对原本工作就已繁重不堪，做起工作只能草草了事。因此，单企业采用新战略，就应该毫不犹豫地取代无须完成的战略，而不应该是增加的战略，这样，才能使员工做事时不会失去焦点。

5. 清楚执行

明确目标和焦点之后，必须组织员工学习，要让员工明白战略的意图和目标，这样才能使员工明白什么工作才符合战略需要，这样才能保证工作的有的放矢。同时，管理者要将绩效考核和战略评估的标准与战略目标进行结合，对出现问题和偏差及时纠正，才能确保战略执行最后成功。就如士兵打仗一样，指战员懂得战略部署，士兵执行清楚攻防要领，才能保证打胜仗。

6. 信息管理

企业管理应该利用信息化网络工具控制工作质量、进度、经济状况，掌握战略运营活动是否偏离战略目标等。另外，利用信息化系统进行考核和评估，做到预先控制风险。利用高效的信息化管理，既可以让企业高阶主管清楚掌握企业的运行，也可以让企业高阶主管把宝贵的时间花在更为重要的决策活动上，制订新的发展战略。

7. 责权利一致

责任与义务、权力与行为、名誉与效益三者之间相辅相成、互为制约。在管理活动中，只有责权利协调一致，有多大的权力，获得多大的利益，就得负多大的责任，才能调动积极性。如果责权利失衡或权力失去监督，就会造成利益的扩大化和严重的管理问题。

8.吸收新技术

新技术的开发和利用是制订管理战略重要的内容，同时，新技术也是高效率执行的保障。企业内部核心技术保障企业发展战略立于不败之地，吸收外部新技术保障企业与社会的紧密结合。另外，新技术包含日新月异的信息和资信，内部资讯保障管理活动在正常轨道上运行，只有内部创新、内部资讯与外部新技术、外部资讯相结合的情况下，战略与执行之间才能良性互动并保证管理立于不败之地。

（二）人员要素与执行控制

人员要素是执行控制的主体，是执行控制理论战略、人员、运营三大要素的核心，因为从战略制定到战略转化的运营都依靠人员要素去实现。如果人员要素不完善或出现问题，就无法实现战略的高效执行和对运行结果的有效控制。

1.人员要素的目标

健全的人员要素具有三项目标：一是准确评估每个集体、每位员工；二是配合组织未来战略执行，建立培养各类人才的架构；三是健全接班计划的基础、充实领导人才储备库。

2.人员要素的重点

（1）知人善任。知人善任，包括知人与善任两个相互联系的层面。选贤务必知人善任。知人就是要了解人，要具有执行力的人，其特点是：工作主动、注意细节，为人诚信、有责任感，善于分析、有判断力，乐于学习、有创造力，刻苦耐劳，有团队精神和求真求胜欲望；善任就是要用好人。知人是善任的前提，善任是知人的目的；通过知人以达到善任，又在善任中进一步知人识人。能否真正做到知人善任，既是对一个单位领导者品行修养与领导能力的检验，也直接关系到一个单位事业的兴衰成败。经营者要真正做到"善任"，首先应该从事业的全局出发，充分考虑人才的具体特点，把他放到合适岗位上。假如不把各人的才能用到最能发挥其作用的地方去，那对人才是一个压制，对事业是一种极大的浪费。每个人的长处和才能各属特定类型，有的擅长分析，有的擅长综合，有的擅长技术，有的擅长管理，有的精通财务，有的善于交际，特定类型的才能应与特定的工作性质相适应。工作对人的要求不同，才能与职务应该相称。给予他的职务应最能刺激他发挥自己的优势。职务以其所能和工作所需结合而授，叫"职以能授"，这样，既不勉为其难，也不无可事事。扬其所能，其工作自然积极，管理效能也必然提高。

（2）用人不疑。这里的"疑"，是不分明，不确定，不相信，有疑心。大概意思是：对感觉不错的认为可用之人，就放心使用、大胆使用，在使用过程中也不必有疑虑；对感觉靠不住、没把握、不放心或认为有问题的人，不能使用。还可以解释为：用了人就不要对人不放心，怀疑人就不要用人。对员工的不信任，直接挫伤的是员工的自尊心和归属感；间接的后果是会加大企业离心力。如果我们的管理者能进行换位思考，与员工建立起彼此信任的关系，在企业建立起一个上下信任的平台，无疑会增加员工的责任感与使命感，激发员工内在的潜能。

（3）人尽其才。企业用人还要善于量才使用，就是根据各种不同性质、不同层次工作的不同需要，按照各类人才的实际才能和智能特点，进行合理的安排和使用，使人尽其才，事尽其功。因为，每个人都有不同的特点和专长。如有的人擅长组织管理，有的人擅长搞科研，有的人擅长演讲、教学，有的人擅长文艺表演，等等。领导者必须在了解、分析每个人的德才情况和工作性质、任务等情况的基础上，根据工作需要和人才素质情况，安排适当的工作、相应的职能，真正做到量才使用、职能相宜。决不能大材小用，使人的才能得不到充分发挥，造成人才浪费；也不能小材大用，使其力不胜任，勉为其难，贻误工作。

3. 健全人员要素的关键做法

健全的人员要素确保组织的长期人才需求。其关键做法为：

（1）人员要素与企业战略目标的统一。人力资源管理作用于企业绩效最为关键的两个环节是：一是人力资源管理在制定和实现企业战略中的地位和作用；二是人力资源管理与企业绩效的相互作用关系。过去人们并没有将人力资源管理作为影响企业战略目标制定的一个重要因素，仅被当作决定或选择战略目标的手段。这是基于这样一个假定，即人比战略的适应性强。因而让人适合战略，而不是使战略适合于人。其结果是在很大程度上限制了人力资源对企业提高绩效的贡献。任何一个战略都要由人去执行实施，因此，任何一个战略在制定过程中，必须充分考虑到企业现有的人力资源以及外部人力资源状况和从外部可获得的可能性。这些从根本上决定与制约了企业发展的目标方向和水平。人力资源战略管理的提出与实施，反映了人力资源战略与企业经营战略之间的相互依存的关系。战略性人力资源管理强调将人力资源管理与企业的战略性目标联系起来，使人力资源管理在企业的战略形成、战略执行之中发挥重要作用，突出了人力资源管理在现代企业管理中的地位与作用。现在人力资源管理工作被看作是能够创造价值维持企业核心竞争能力的战略性部门。人力资源管理也因企业的全面变革而发生深刻的、全方位的变化。

（2）进行人员流失风险分析，降低人员流失风险，构建人才储备库。人员流失的原因有多种。一是社会主义市场经济，社会为销售人员提供了广阔的创业空间；二是企业竞争激烈，互相争夺人才资源；三是企业内部用人机制不尽完善而导致的人才流失。对于企业发展来讲，百年大计，人才为先。为适应企业健康有序快速发展的步伐人才战略势必提到企业百年大计之首要任务上来。一般来讲，一个企业的人才库架构，应该分为三个层次：高层人才库、中层人才库、基层人才库，即人才梯队。有些企业除此之外，还需要专门构建专业技术型人才库和储备人才库。如果企业希望建立一支合格的人才梯队，在需要人才的时候，永远有合适的人选，就必须明确企业现阶段及未来所需的人才种类，合理地从社会和企业内部予以引进、培养和储备人才，定期对企业已聘人员进行评估和管理，调整、安排好人才的职务，提拔有实力的员工，确保他们是工作在最适合自己的职位上，从而发挥其最大潜力。

（3）处理绩效差的员工。杰克韦尔奇认为："对人来说，差别就是一切。"通过不断地识别人的差别，持续地进行区分和淘汰落后者，使个人走向卓越，使组织趋于完美。作为绩效管理的一个强化手段，迫使各级管理者做出决定，向下属传递明确的绩效信息，使下属认清自己在组织中的位置，从而不断改善绩效。

（4）人员要素与企业经营成果相联结。在现今的企业管理中，人力资源占据了更为重要的位置，只是其所扮演的角色有了显著的变化。现代企业的管理必须将人力资源与管理流程进行充分的整合，并将其与战略、运营及人员评估相衔接。相较于传统的人事功能，人力资源向着更着重雇佣向导的方向发展，同时也成为推动组织前进的动力。

（三）运营流程要素与执行控制

战略要素指出管理目标和努力方向；人员要素提出战略目标的执行者和控制者；运营要素则是将长期目标分解为短期目标，并为执行控制主体指明路径。

运营要素始于确认关键性目标，目标的设定过程是由外而内、由上而下的。所谓由外而内，是指这些目标的设定必须反映经济环境与社会关注焦点，同时也能借以让投资人明了，目标的实现能给他们带来多大的收益。由上而下则代表目标的设定是由整体到局部，也就是由企业整体着眼，分解成不同目标的子集合。

运行要素是指人员要素具体执行战略要素的过程与方法，是执行控制的具体方法，战略目标需要通过运营过程才能实现。运营要素主要包括价值活动运营计划与管理、资产配置与产出。价值形态管理是运营管理的外在理念表现形式，同时企业的运营活动离不开各种人力、物质等资源的科学管理和合理配置，物质和精神两方面相辅相成、互相促进。

1. 制订运营计划

企业运营计划的制订要注意以下几点：

（1）价值形态管理。企业内部的工作人员拥有相同的价值观将有利于企业战略目标的执行控制。

（2）结合考虑战略，在现有的人力资源管理制度下，制订一份运营计划，加强对战略的执行。

（3）对运营计划进行评估，确保参与人了解自己的职责和任务，并进行跟踪督促。

（4）做好运营过程中的各部门沟通协调。

2. 资源配置与产出

资源优化配置是资源配置的理想状态，指的是能够带来高效率的资源使用，其着眼点在于企业内部的人、财、物、科技、信息等资源的使用和安排的"优化"，资源配置是否优化，其标准主要是看资源的使用是否带来了生产的高效率和企业经济效益的大幅度提高。

综上所述，执行控制的三大要素——战略要素、人员要素、运营要素是管理系统中相互联系、不可分割的整体。一方面，战略要素对人员要素和运营要素具有指导作用。因为，无论是人员要素中的岗位设置、人员配置、绩效管理、激励机制，还是运营要素中的价值活动、资源配置都是以战略目标为出发点，其目的都是为了更好地执行战略要素。另一方面，三大要素必须相互协同、紧密配合才能最终实现战略目标。三大要素整合的效果直接影响着执行力的强弱。因此，将这三大要素有机地结合起来，是提高管理执行控制水平的关键。

第三章　项目管理概述

第一节　公路建设项目及其分类

一、基本建设项目

（一）基本建设项目的概念

基本建设项目是投资行为与建设行为相结合的投资项目。投资是项目建设的起点，没有投资就没有建设；反过来，没有建设行为，投资的目的就不可能实现。建设的过程就是投资目的实现的过程，是把投入的货币转换成实物资产的过程（这是直接投资的特征）。

基本建设项目是投资项目中最重要的一类。一个建设项目就是一项固定资产投资项目，既有基本建设项目（新建、扩建、改建、迁建、重建等工程），又有更新改造项目。什么是基本建设项目，目前理论界的看法并不一致，多数认为基本建设项目是添置新固定资产的投资活动，包括固定资产的新建、扩建和改建等，属于固定资产外延扩大再生产的范畴。但实际上，没有纯外延的基本建设项目。更新改造项目是以节约产品生产成本、提高产品质量、增加新产品品种、治理"三废"和改善劳动安全条件为主要内容的投资项目，属于固定资产内涵扩大再生产的范畴，但也有设备更新的简单再生产及包括部分扩大再生产的成分。

总之，建设项目是指需要投入一定量的资本、实物资产，有预期的社会经济目标，在一定的约束条件下，经过研究决策和实施（设计和施工等）等一系列程序，形成固定资产的一次性事业。

从管理的角度来看，一个建设项目应是在一个总体设计及总核算范围内，由一个或若干个互有联系的单项工程组成的，建设中实行统一核算、统一管理的投资建设工程。

（二）基本建设项目的特征

基本建设项目一般应具有下列特征：

（1）具有明确的建设目标。建设目标既有宏观目标，又有微观目标。政府审核建设项目，主要审核建设项目的宏观经济效果和社会效果。企业则更多地重视建设项目的盈利能力等微观的财务目标。

（2）是在众多约束条件下实现项目的建设目标。主要的约束条件有：①时间约束。即一项工程要有合理的建设工期时限。②资源约束。即一项工程要在一定的投资额度、物力、人力条件下来完成建设任务。③质量约束。即一项工程要有预期的生产能力、技术水平、产品（工程）质量或工程使用效益的要求。

（3）具有一次性和不可逆性。表现为投资建设地点的一次性固定，建成后不可移动。设计的单一性，施工的单件性。工程建设与一般商品生产不同，不是批量生产。工程项目（尤其是公路项目）建设一旦完成，一般不可能改变用途。

（4）投资巨大，建设周期长，投资回收期长，工程寿命周期长，其质量优劣的影响面大，作用时间长。

（5）风险大。由于工程项目建设是一次性的，建设过程中的各种不确定性因素很多，因此投资的风险性很大。

（6）项目的内部结构存在许多结合部，是项目管理的薄弱环节，给参加建设的各单位之间的沟通、协调造成了许多困难，这也是工程实施中容易出现事故和质量问题的地方。

（三）基本建设项目与投资项目的关系

基本建设项目的建设是一种投资行为，工程建设项目属于投资项目的一种类型。因此，研究建设项目就必须从投资项目说起。

投资项目有广义与狭义之分。广义的投资项目是泛指在一定的约束条件下（如资金、技术、资源、时间、空间、政策等），投资主体为获得未来预期效益，将货币资本或实物资本投入营利性或非营利性事业，从事生产或服务等经济活动，具有明确目标要求的一次性事业。在社会经济活动中，在不同的场合，投资项目有不同的含义。如在建设领域，有以投资建设活动为内容的工程建设项目；在生产经营领域，有企业新产品开发项目、技术引进项目、设备更新项目；在流通领域，有以物资流通为内容的销售网络建设项目；在科研领域，有以研究与开发为内容的高新技术研究开发项目；在军事领域，有各种军事项目等。有些投资项目只有投资行为而没有建设行为，如金融投资项目。

狭义的投资项目是指既有投资行为，又有建设行为的工程建设项目。

二、公路建设项目的分类

公路建设项目属于基本建设项目的一种，具有基本建设项目的特性。公路建设项目按划分的标准不同，有以下几种不同的分类方法。

（一）按投资的再生产性质划分

可分为基本建设项目和更新改造项目。属于基本建设项目的有新建、扩建、改建、迁建和重建等；属于更新改造项目的有技术改造项目、技术引进项目和设备技术更新项目等。

1. 新建项目

新建项目是指从无到有，"平地起家"的项目。即在原有固定资产为零的基础上投资建设的项目。按国家规定，若建设项目的原有基础很小，扩大建设规模后，其新增固定资产的价值超过原有固定资产价值三倍以上的，也当作新建项目。

2. 扩建项目

扩建项目是指企、事业单位在原有的基础上，投资扩大建设的项目。如在企业原场地的范围内或其他地点，为扩大原有产品的生产能力或增加新产品的生产能力而建设的主要生产车间、独立的生产线或总厂下的分厂；事业单位和行政单位增建的业务用房等。对于交通建设项目来讲，像道路的加宽、交通设施的增加和完善等都可以看成是扩建项目。

3. 改建项目

改建项目是指企、事业单位对原有设施、工艺条件等进行改造的项目。我国的相关规定，企业为消除各工序或各车间之间生产能力的不平衡，增建或扩建的不直接增加本企业主要产品生产能力的车间为改建项目。现有企业、事业、行政单位增加或扩建部分辅助工程和生活福利设施并不增加本单位主要效益的，也为改建项目。对于交通建设项目来讲，像局部路线的改移，改渡口为桥梁，改越岭线为隧道等，可以看成是改建项目。

4. 迁建项目

迁建项目是指原有企、事业单位，为改变生产力布局，迁移到另地建设的项目，不论其建设规模是否扩大，都属于迁建项目。对于交通建设项目来讲，由于重新考虑路网布局的需要，废除原有道路，重新建设的路线走向，可以看成是迁建项目。

5. 重建项目

重建项目是指原有企事业单位，因自然灾害、战争等原因，使已建成的固定资产的全部或部分报废以后又重新投资建设的项目。但是尚未建成投产的项目，因自然灾害损坏再重建的，仍按原项目看待，不属于重建项目。

6. 技术改造项目

技术改造项目是指企业采用先进的技术、工艺、设备和管理方法，为增加产品品种、提高产品质量、扩大生产能力、降低生产成本、改善劳动条件而投资建设的改造项目。例如，对于道路交通设施的改造，对于交通流的重新组织，以增加道路通行能力的项目，可以看成是技术改造项目。

7. 技术引进项目

技术引进项目是技术改造项目的一种，少数是新建项目，主要特点是由国外引进专利、技术许可证和先进设备，再配合国内投资建设的项目。例如，引进成套的施工设备等项目。

（二）按建设规模（设计规模或投资规模）划分

依据国家颁布的《基本建设项目大中小型划分标准》，对于公路建设项目，新、扩中华人民共和国国防、边防和跨省干线长度＞200km，独立公路大桥＞1000m的，为大、中型项目。对于公路更新改造项目，总投资＞5000万元的，为限额以上项目；总投资在100—5000万元的，为限额以下项目；总投资＜100万元的，为小型项目。

依据《公路工程技术标准》（JTJ001—97），公路隧道：长度 L ≥ 3000m 的为特长隧道；长度在1000—3000m之间的为长隧道；长度在250—1000m之间的为中隧道；长度在250m以下的为短隧道。公路桥梁：总长8—30m，或单孔跨径5—20m的为小桥；总长30—100m，或单孔跨径20—40m的为中桥；总长100—500m，或单孔跨径40—100m的为大桥；总长≥500m，或单孔跨径≥100m的为特大桥。

（三）按建设阶段划分

可分为预备项目（投资前期项目）或筹建项目、新开工项目、施工项目、续建项目、投产项目、收尾项目、停建项目。

（四）按投资建设的用途划分

可分为生产性建设项目和非生产性建设项目。

1. 生产性建设项目

即用于物质产品生产的建设项目，如工业项目、运输项目等。交通运输项目是直接为生产和流通服务的，是国民经济的重要基础设施，应该看成是生产性建设项目。

2. 非生产性建设项目

非生产性建设项目是指为满足人们物质文化生活需要的项目。非生产性项目还可分为经营性项目和非经营性项目。

（五）按资金来源划分

可分为国家预算拨款项目、国家拨改贷项目、银行贷款项目、企业联合投资项目、企业自有资金项目、利用外资项目、外资项目。

（六）竞争性、基础性和公益性项目

1. 竞争性项目

竞争性项目是指投资收益和风险比较高，市场调节比较灵敏，竞争性较强的建设项目，主要是制造业和房地产项目。

2. 基础性项目

基础性项目是指建设周期长、投资量较大的基础设施和部分基础工业项目，如交通、通信、能源、水利、城市公用设施等。一些基础性项目具有自然垄断性，有些基础性项目收益较低。

3. 公益性项目

公益性项目是指那些主要为社会发展服务、难以产生直接回报的建设项目，如科研、教育、医疗保健、文化等社会事业，也包括某些公路建设项目。

（七）按公路技术等级划分

按照《公路工程技术标准》（JTJ001—97），公路根据使用的任务、功能和适应的交通量分为高速公路、一级公路、二级公路、三级公路、四级公路五个等级。

高速公路为专供汽车分向、分车道行驶并全部控制出入的干线公路。

四车道高速公路一般能适应按各种汽车折合成小客车的远景设计年限，年平均昼夜交通量为 25000~55000 辆；六车道高速公路一般能适应按各种汽车折合成小客车的远景设计年限，年平均昼夜交通量为 45000~80000 辆；八车道高速公路一般能适应按各种汽车折合成小客车的远景设计年限，年平均昼夜交通量为 60000~100000 辆。

一级公路为供汽车分向、分车道行驶的公路，一般能适应按各种汽车折合成小客车的远景设计年限，年平均昼夜交通量为 15000~30000 辆。

二级公路一般能适应按各种车辆折合成中型载重汽车的远景设计年限，年平均昼夜交通量为 3000~7500 辆。

三级公路一般能适应按各种车辆折合成中型载重汽车的远景设计年限，年平均昼夜交通量为 1000~4000 辆。

四级公路一般能适应按各种车辆折合成中型载重汽车的远景设计年限，年平均昼夜交通量为：双车道 1500 辆以下，单车道 200 辆以下。

公路技术等级的选用，应根据交通量调查、预测交通量和公路网整体规划，从全局出发，结合公路的使用任务、性质综合确定。在公路设计时，我国规定高速公路、一级公路设计年限为 20 年；二级公路为 15 年；三级公路为 10 年；四级公路一般不超过 10 年，也可根据具体情况作适当调整。

根据《公路法》及有关的公路法规、规章、标准的规定，公路技术等级的选用，应根据公路网的规划，从全局出发，按照公路的使用任务、功能和远景交通量综合确定。在同一条公路中，可根据交通量等情况，分段采用不同的车道数或不同的公路等级。根据《公路法》和《公路工程技术标准》（JTJ001—97）的规定，对于不符合技术等级标准规定的已有公路，应根据需要与可能的原则，按照公路网发展规划，有计划地进行改建，提高其通行能力和使用质量，达到相应的等级公路标准的规定指标。新建公路，应当符合公路工程的技术等级标准的要求。

（八）按公路的行政隶属关系划分

《中华人民共和国公路管理条例实施细则》第三条规定："公路分为国家干线公路（以下简称国道），省、自治区、直辖市干线公路（以下简称省道），县公路（以下简称县道），乡公路（以下简称乡道）和专用公路五个行政等级。"这就是我国按照行政管理体制，根据公路所处的地理位置、公路在国民经济中的地位和作用以及公路交通运输的特点所做的公路行政分级。这种分级影响和决定了我国公路投资体制、公路建设与管理体制等一系列法规、制度的形成。总的来说，我国公路系统实行"统一领导、分级管理"的原则。中华人民共和国交通部主管全国的公路事业。

1. 国道

国道是指具有全国性政治、经济意义的主要干线公路，包括重要的国际公路、国防公路，联结首都与各省、自治区首府和直辖市的公路，联结各大经济中心、港站枢纽、商品生产基地和战略要地的公路。它由中央政府统一规划，由各所在地省、市、自治区负责建设、管理和养护；维修养护的资金目前由养路费解决，费改税后由燃油税提供资金，大中型新建、改建项目以国家投资、部分养路费及其他集资、融资方式解决。

2. 省道

省道是指具有全省（自治区、直辖市）政治、经济意义，以省会城市为中心，联结省内各重要城市、交通枢纽、主要经济区的干线道路，以及不属于国道的省际间重要公路，它们是在中央政府颁布国道后，由省、市、自治区的交通主管部门对具有全省意义的干线公路加以规划，负责建设、养护和改造的公路。

3. 县道

县道是指具有全县政治、经济意义，联结县城和县内主要乡（镇）、主要商品生产和集散地的公路，以及不属于国道、省道的县际间的公路。大部分县道由县政府自行负责规划、建设、养护及使用，少部分县道由省级政府规划、建设及养护。

4. 乡道

乡道是直接或主要为乡、村内部的经济、文化、行政服务的公路和乡、村与外部联系的公路。乡道要由县级政府统一规划，由县、乡组织建设、养护、管理和使用。

5. 专用公路

专用公路就是专供或主要供某特定工厂、矿山、农场、林场、油田、电站、旅游区、军事要地等与外部联结的公路，它由专用部门或单位自行规划、建设、使用和维护。省专用公路的专用性质因故发生变化时，由专用部门或单位申请，经省级政府公路主管部门批准，可以改划为省道或县道。

（九）按公路的经济性质划分

按公路的经济性质划分为经营性公路和非经营性公路。

把公路划分为经营性公路和非经营性公路是改革开放以后才提出的。在加快我国公路交通事业发展的过程中，为了解决资金不足的问题，国家出台了一系列公路投资、融资的改革措施，尤其是大胆利用外资和吸引私人、企业及社会各方面的资金参与公路基础设施的建设。随着改革的深入，先后进行了沪宁高速公路股份有限公司、沪杭甬高速公路股份有限公司、深汕高速公路股份有限公司的试点。在这样的背景下，为了准确表达高速公路的经营性质，提出了经营性公路和非经营性公路的分类。

"经营"在《辞海》中的解释是"经度营造，筹划营谋"。一般的理解，经营是在商品经济条件下的一种企业行为，即企业根据其外部环境和内部条件，制订应采取的目标、方针、策略的系统活动，其目的是为了追求较大利润。企业、私人或国外投资者之所以愿意拿出钱来投资公路建设，其目的也是为了追求利润。因此，经营性公路，就是以追求实现利润最大化为目标的竞争性投资的公路项目。

从公路的技术经济属性可知，公路属于公共产品的范畴，它是国家的重要基础结构。我国投资项目划分为三类，即竞争性投资项目、基础性投资项目和社会公益性投资项目。作为国家基础结构的公路，应划分为基础性投资项目或者社会公益性投资项目。高等级公路有比较显著的"级差效益"，同时还要考虑到我国处于社会主义初级阶段，底子薄，缺少全面大规模发展公路现代化交通事业的资金，为了解决资金问题，加快公路建设速度，也不排除在高等级公路建设过程中，选择部分条件适合的高速公路项目，作为竞争性投资项目来操作和运行，只要政府政策对头，引导得法，管理有效，控制适当，就能做到既能吸引中外经济单位资金，加快我国高速公路建设，又不会影响国家对公路基础设施的控制。经营性公路就是在这种指导思想及实践的基础上出现的。

当前，从经营性质的角度，可以将公路划分为两类：

第一类是经营性公路，它主要包括有偿转让经营权的公路，实施公路企业资本化（股份制等）经营的公路和实施 BOT 项目建设经营的公路。由于公路是国家的基础结构，上述公路的经营与市场上一般商品的经营还有很大区别，我们可以把经营性公路统称为政府对公路基础设施的特许经营。这些项目之所以称为经营性公路，主要特征是经营公路的主体是公司制企业，他们经营的目的是为了盈利。按照国家对投资项目的分类，经营性公路项目属于竞争性投资项目。

第二类是非经营性公路，在非经营性公路里又可以细分为两种，一种是收费性的高等级公路（包括收费桥梁和隧道）。收费性高等级公路的投资除含有政府拨款外，还含有政府担保的社会集资、向银行的借款、贷款及各种形式引进的外资。为了偿还公路建设的借贷资金及用于公路维护成本、收费开支等，这些高等级公路要向使用者收费。这类收费公路并不是以盈利为目的，建设这类收费公路的单位无论如何称呼，他们都是政府交通主管部门委托的专门机构。其收费的目的，中央政府也有明文规定，就是为了偿还借贷款，一旦借贷款还清本息之后，要立即停止收费；如果还清借贷款后继续收费，必须得到省级人民政府批准，所得收入，只能用于公路建设，实行滚动发展。为了区别于不收费的社会公益性公路，我们可把这类收费的公路称为基础性公路，它们可以归为中央政府划分投资项目类别里的基础性投资项目。非经营性公路的第二种是不收费的社会公益性公路。它们是由国家财政拨款投资、养路费投资、民工建勤、以工代赈或者个人及社会捐资修建的公路。这些公路不收取过路费，其养护管理成本从征收的养路费中开支，即社会公益性公路的价值补偿和实物补偿要通过收取税费的方式解决，实行路政与养护相互协作的管养结合的体制。目前，我国的社会公益性公路主要是中、低等级的普通公路，实行混合交通。

根据高等级公路级差效益原理，目前我国使用这个标准界定收费公路基本上是合适的。由于过去沿用的习惯，公路交通行业一直把所有的收费公路都一概称为经营性公路，这种称谓容易把以盈利为目的经营性公路和以收费还贷为目的的基础性公路混淆起来，理论上是不合适的。

对公路项目进行不同的分类，有利于观察、分析和研究基本建设的投资结构，加强基本建设的宏观管理和调控，更好地发挥投资项目的经济效益和社会效益。

第二节 公路建设项目系统分析

每个建设项目都有其特定的建设意图和使用功能要求。大中型建设项目往往包括诸多形体独立、功能关联、共同作用的单体工程。就公路项目的单体工程而言，一般也由路基、路面、桥梁、隧道和交通工程设施共同构成一个有机的整体。

每个建设项目都需要投入巨大的人力、物力和财力等社会资源进行建设，经历着路网规划、项目策划、决策立项、勘察设计、建设准备和施工生产活动等环节，最后才能交付使用。也就是说它有自身的产生、形成和发展的过程。整个过程的各个环节相互联系、相互制约、并受到建设条件的影响。

每个建设项目都处在社会经济系统中，它和外部环境发生着各种各样的联系，项目的建设过程渗透着社会经济、政治、技术、文化、道德和伦理观念的影响和作用。

因此，实施一个建设项目管理，必须用系统工程学的原理，去研究分析项目的内部系统构成、外部系统环境、项目总目标和子目标、各个子系统和子目标之间，以及子系统、子目标和总体系统、总体目标之间的关系和运行管理问题，期求系统目标的总体优化以及与外部环境的相互关联和协调发展。

一、内部工程系统

为了使工程建设各有关部门（包括建设、设计、施工、管理、计划、统计、财务）对工程建设统一规划，国家计划和建设主管部门对建设项目的组成和划分原则作了统一规定。

（一）建设项目

建设项目，又称基本建设项目，一般指符合国家总体建设规划，能独立发挥生产功能或满足生活需要，其项目建议书经批准立项，可行性研究报告经过批准的建设任务。如一座工厂，一个矿山，一条公路，都可称为一个建设项目。

公路建设项目，也称公路基本建设项目，一般是指在一个总体设计或初步设计范围内，由一个或若干个互相有内在联系的单项工程组成，实行统一核算、统一管理的建设单位，如一个完整的公路项目、渡口改桥项目等都可以看成是一个公路工程项目。属于一个总体设计中的主体工程和相应的附属配套工程、综合利用工程、环境保护工程等，只能作为一个单项工程，如公路工程中的通信设施、安全设施、公路标志、公路声屏障等设施，它附属于主体工程，不能作为一个工程项目。同时也不能把不属于一个总体设计内的分别核算的项目，按地区"捆在一起"，作为一个建设项目。在一个总体设计内分期建设的工程，也只能作为一个工程项目，不得按年度分期另立项目，只能标明××工程项目第一期工程或第二期工程。

（二）单项工程

单项工程，又称为工程项目，它是建设项目的组成部分，是具有独立的设计文件，在竣工后能独立发挥设计所规定的生产能力或效益的工程。公路建设的单项工程一般指独立的桥梁工程、隧道工程，这些工程一般包括与已有公路的接线，建成后可以独立发挥交通功能。但一条路线中的桥梁或隧道，在整个路线未修通前，并不能发挥交通功能，就不能作为一个单项工程。

（三）单位工程

在建设项目中，根据签订的合同，具有独立施工条件，可以单独作为成本核算对象的工程。公路项目被划分为路基工程、路面工程、大中桥梁工程、互通立交工程、隧道工程和交通安全设施六个单位工程。

（四）分部工程

在单位工程中，按结构部位、路段长度及施工特点或施工任务划分为若干个分部工程。如在路基工程中，又划分为路基土石方工程、排水工程、小桥、涵洞工程、砌筑工程及大型挡土墙等分部工程。

（五）分项工程

在分部工程中，按施工方法、材料、工序及路段长度等划分为若干个分项工程。如路基土石方工程又划分为土方路基、石方路基、软土地基处理、土工合成材料处治等分项工程。

建设单位、施工单位、监理单位和质量监督部门应当按照《公路工程质量检验评定标准》（JTJ071—98）的规定对公路项目进行划分，逐级进行计划安排、费用计算、质量监控、建设管理和施工管理。

二、外部关联系统

一个工程项目的建设，是一项有计划有组织的系统活动，也是人的劳动和建筑材料、构配件、机具设备、施工技术方法以及建设环境条件等有机结合的过程。因此，从物质生产角度看，就是劳动者和劳动手段、劳动对象（劳动资料）的结合过程。这就必然涉及工程建设市场，包括工程建设招投标市场和建筑生产要素市场的各方主体，通过一定的交易方式形成以经济合同，包括工程勘察设计合同、施工承发包合同、监理承发包合同等为纽带的经济关系或责任权利关系，构成了建设项目和其外部各相关系统的关联关系。

（一）项目业主

项目业主，即项目的投资者或出资者，由业主代表组成项目法人机构、取得项目法人资格。从投资者的利益出发，根据建设意图和建设条件，对项目投资和建设方案做出既符合自身利益，又适应建设法规和政策规定的决策，并在项目的实施过程中履行业主应尽的责任和义务，为项目的实施者创造必要的条件。业主的决策水平、业主行为的规范性等，对一个项目的建设起着重要的作用。

（二）项目使用者

公路项目作为公共项目，其使用者不仅是业主，更主要的是广大人民群众。使用者对公路项目使用功能和质量的要求，随着社会生产力的发展和经济水平的提高而提高，也就是说公路项目质量的潜在需要是发展变化的，这对建设项目的策划、决策、设计以及施工质量的形成过程不断提出更高的要求。从质量管理的思想来说，要把"用户第一""想到最终使用者"作为基本的指导方针，并且以使用者的最终评价作为评价公路建设质量的重要依据。

（三）研究单位

科学技术是第一生产力，公路科学技术的发展不断推动着公路建设水平和管理水平的发展。一个公路建设项目的实施，往往也是新技术、新工艺、新材料、新设备以及新的管理思想、方法和手段等自然科学和社会科学的最新成果转化为社会生产力的过程。因此，研究机构是建设项目的后盾，它为项目的建设策划、决策、设计、施工等各个方面，提供社会化的、直接或间接方式的技术支援。无论在项目决策和实施的哪个阶段，项目管理者都必须充分重视社会生产力发展的最新动向和最新成果的应用。它不但对项目的投资、质量、进度目标产生积极的影响和作用，还对项目建成后的生产运营、使用和社会效益都具有极为重要的意义。

（四）设计单位

设计单位是将业主的建设意图、政府建设法律法规要求、建设条件作为基础，经过智力的投入进行建设项目技术、经济方案的综合创作，编制出用以指导建设项目施工活动的设计文件。设计联系着项目决策和项目施工两个阶段，设计文件既是项目决策方案的体现，也是项目施工方案的依据。因此，设计过程是确定项目总投资目标和项目质量目标，包括建设规模、使用功能、技术标准、质量规格等。设计先于施工，然而设计单位的工作还延伸于施工过程，指导并处理施工过程中可能出现的设计变更或技术变更，确认各项施工结果与设计要求的一致性。

（五）施工单位

施工单位是以承建工程施工为主要经营活动的公路产品的生产者和经营者，在市场经济体制下，施工单位通过工程投标竞争，取得承包合同后，以其技术和管理的综合实力，通过制订最经济合理的施工方案，组织人力、物力和财力进行工程的施工生产活动，以求在规定的工期内，全面完成质量符合业主明确标准的施工任务。通过工程移交，实现其生产经营目标。因此施工单位是将建设项目的、建设意图和目标转变成具体工程目的的生产经营者，是一个项目实施过程的主要参与者。

在社会化大生产和专业化分工条件下，施工行业从其生产特点出发，推行多种模式的承发包体制，不同专业性质和不同施工能力的施工企业，通过招投标和合约过程，结合成相互联系、相互制约的施工生产组织系统，共同承担着一个建设项目的施工任务。

（六）材料、设备供应商

生产者包括建筑材料、构配件、工程用品与设备的生产厂家和供应商。他们为项目实施提供生产要素。其交易过程、产品质量、价格、服务体系等，直接关系到项目的投资、质量和进度目标。通过市场机制配置建设资源，是项目管理按经济规律办事的重要方面。在项目管理目标的制订、物资资源的询价、采购、合约和供应等环节，都必须充分注意到供应商与建设项目之间这种技术、经济上的关联性对项目实施的作用和影响。

（七）建设监理单位

我国实行建设监理制，依照国际惯例的做法，社会监理单位依法登记注册取得工程监理资质，承接工程监理任务，为项目法人提供高层次项目管理咨询服务，实施业主方的工程项目管理。包括项目策划和投资决策阶段的咨询服务和项目实施阶段的合同管理、信息管理和项目目标控制。因此，监理单位的水平和工作质量，对项目建设过程的作用和影响也是非常重要的。

（八）政府主管与质量监督机构

公路工程产品具有强烈的社会性，政府代表社会公众利益，要依法对建设行为进行监督与管理，保证工程建设的规范性及其质量标准。政府主管部门通过执行基本建设程序，对建设立项、规划、设计方案进行审查批准；政府主管部门派出工程质量监督站，实施工程施工质量监督。因此，在公路项目的决策和实施过程中，同政府主管部门及其派出机构等的联络沟通是非常密切的。在执行建设法规和质量标准方面取得政府主管部门的审查认可，是公路项目管理过程中必须遵守的规矩，不能疏忽和违背。

（九）质量检测机构

我国实行工程质量检测制度，由国家技术监督部门认证批准的国家、省、市、自治区以及地区级工程质量检测中心，按其资质依法接受委托，承担有关工程质量的检测试验工作，出具有关检测试验报告，为工程质量的认定和评价、为质量事故的分析和处理、为质量争端和调解与仲裁等提供科学的测试数据和有权威性的证据。由此可知，公路项目同质量检测机构，同样也有密切的关系。

（十）地方政府与社会公众

公路建设点多、线长、面广，离不开地方政府与社会公众的支持与配合。如项目内部交通与外部的衔接，与农林、土管、矿产、财税、供电、供水、消防、环保、邮电、通信等部门的关系，都必须和地方政府的有关方面进行联络、沟通和协商，使建设项目的各个子系统能够按照规定的要求和流程，与外部相应系统进行衔接，为项目创造良好的外部环境。

此外，在公路项目的全面施工过程中，必须得到周边近邻单位，包括附近居民及过往人员、车辆等方面的配合与理解，以创造良好和安全的施工环境，这都需要在项目管理中充分注意公共关系及做好沟通协调工作。

第三节　公路建设项目的影响因素

建设一个什么项目，从根本上说要取决于国民经济和社会发展的客观需要。如何建好一个有特定使用目的和功能要求的项目，这取决于建设方案的合理选择。能否按既定的目标建成一个项目，又取决于建设项目实施过程中的组织管理方法和目标控制的效果。因此，从一个公路项目的提出，到这个项目的最终建成，我们必须了解分析对项目策划、决策、规划、设计、施工等活动内容、方法和实际效果的影响因素。我们把这些因素统称为公路建设项目的影响因素。

一、技术因素

技术因素，指公路建设项目本身的内在因素，它包括：

（1）项目的建设意图、使用功能和目的；

（2）项目的建设规模、内部工程系统的构成、生产技术工艺流程或项目使用功能的组织；

（3）项目的科技含量、复杂程度和特殊要求；

（4）项目沿线的地质水文状况与自然环境条件；

（5）新材料、新工艺、新设备、新技术等在公路项目中的应用程度。

以上各项决定了公路建设项目内在的技术特征，关系到项目的总投资，也对项目的设计、施工质量和工期控制提出相应的要求。公路建设项目的技术含量，特别是高新技术含量越高，对项目建设过程实施的组织管理和目标控制的要求也就越高，对项目策划者、设计者、施工者以及监理者的总体素质要求也就越高。

随着社会生产力的发展和科学技术的进步，现代公路建设项目，尤其是高速公路项目，其技术特征也将更加突出。在我国实行改革开放的年代，建在设项目投资体制的改革和引进外资过程中，也引进了国外的许多先进技术和设备，推进了公路建设现代化的技术水准向着更新的高度发展，促使公路建设项目的技术因素发生了新的变化。也就是说技术的发展，影响着公路建设项目的投资规模、施工工艺、使用功能；影响决策、设计和施工活动的方式方法和工程质量、建设进度等目标。项目管理者应能把根据项目的技术特点来实施项目管理。

二、社会因素

社会因素，即公路建设项目的外在因素，它包括以下几项：

（一）宏观政策

基本建投资规模、投资结构和社会生产力布局的宏观政策，关系到一个具体建设项目的投资机会，关系到建设方案和建设地点的选择。也就是说一个建设项目不仅要有投资来源，而且投资必须纳入到国家基本建设投资总规模进行考虑，还必须符合国家经济结构和产业结构的要求。公路建设项目还必须按照国家综合运输规划网络的要求，确定主要控制点和路线的走向。

（二）公路科技发展水平

它包括项目的策划、规划设计的总体水平和公路施工技术与组织管理的总体水平。在以往科技和生产力不发达的年代，既无能力设计出具有现代设施与功能的高速公路，也无相应施工设备和手段满足建设需要。改革开放以来，我国的公路科技水平有了很大提高，许多新技术、新工艺、新材料、新结构、新设备得到了充分应用，绝大部分技术达到了国际先进水平。遥感技术、路线控制、地理信息系统（简称 3S 技术）在公路勘测中得到应用；改性沥青、新型沥青混合料在公路建设中得到应用；水泥混凝土路面在传统的摊铺法施工的基础上，发展了碾压式混凝土路面（RCCP）和滑模摊铺水泥混凝土路面等设计、施工新技术；同时，在公路路基、公路 CAD、公路规划评价理论、现代施工技术装备和公路项目管理等方面的技术水平也达到了一个新的高度。这为公路建设项目向更高水平发展，带来了技术和组织管理上的可能性。

（三）工程承包市场的培育程度

工程承发包市场采用招标承包制，使竞争机制得以发挥。优胜劣汰以及风险压力，促使工程承包商和材料、构配件、设备等生产要素供应商注重提高技术、降低成本、保证质量、完善服务，这是公路建设项目外部的重要环境因素。在过去的计划经济体制下，公路建设任务靠行政手段进行分配，建设物资靠计划指标随着项目投资指令下达。设计、施工、物资单位，可以说都只有兵的概念，服从上级指派调遣；无商的意识，不讲效率和效益。因此，公路建设项目的实施都缺少应有的内在活力和遵循客观规律办事的动力机制与约束机制，严重阻碍了公路项目投资的经济效益和社会效益，也损害了项目各参与实施单位的合法利益和权益。改革开放和社会主义市场经济体制的建立，以及项目法人主体、设计、施工单位经营机制的转换，为公路建设创造了市场条件，促进了建设项目管理的思想观念、组织制度、方法手段的新变化，也为公路建设项目管理方式与国际惯例接轨带来了可能性。

（四）项目所在地区的技术经济条件和社会条件

一个公路项目的实施，特别是施工阶段，应该因地制宜，充分利用当地的技术经济条件，既有利于降低工程成本，节约建设投资，又有利于促进当地施工行业的发展和生产要素市场的繁荣，使建设项目对所在地区产生良好的经济效益和社会效益。由于各个地区的技术经济基础和条件不同，例如施工企业的资质结构，总体技术水平和管理能力，劳动者的素质，地方资源的开发，建材、构配件的生产和加工能力，施工机械设备的生产、租赁、维修保养的厂家情况，等等，这都直接关系到建设项目对地区技术经济条件利用的可能性和利用的程度。项目与地区之间在供电、供水、交通运输、通信设施的联结并网条件等，也是项目建设过程的重要因素。

（五）项目投资者或决策者的主观追求

例如公路等级的选择，路线起讫点和控制点的确定，交通服务设施的要求，等等，固然有其内在的设计规律和相应的技术规格标准作为策划和设计的依据，然而在诸多方案都能满足基本使用功能的情况下，具体方案的选择，在风格、档次、价值观念等的追求方面，还是因人而异，因投资者的经济实力而异。在计划经济年代，缺乏投资责任制，往往出现争投资上项目，敞开花钱，缺乏论证，造成项目投资失控，基本建设总规模膨胀、比例失调。现在实行项目法人责任制，项目法人要对投资负责，固然可以起到遏制浪费、讲求投资效益的作用，但项目投资决策者的主观意志仍然是一个重要的影响因素。

第四节 公路建设项目管理

公路建设项目管理是为使项目取得成功（实现所要求的质量、所规定的时限和费用）所进行的全过程、全方位的规划、组织、控制与协调。公路建设项目管理的职能同所有管理的职能是相同的。需要特别指出的是，由于公路项目的一次性，项目只能成功，不许失败，这就要求项目管理的程序性、全面性和科学性。要运用系统工程的观念、理论和方法进行管理。管理学的一般原理在公路项目管理中也是适用的。项目管理的目标就是项目的目标，该目标界定了项目管理的主要内容，就是"三控制、二管理、一协调"，即进度控制、质量控制、费用控制，合同管理、信息管理和组织协调，以及与上述"三控制"相适应的配套管理工作（如物资、设备、技术、劳务等方面的管理工作）。

一、公路建设项目管理的要求

公路作为国民经济的基础设施，其项目管理有以下几项要求：

（一）实行工程质量行政领导人责任制

对基础设施项目工程质量，实行行业主管部门、主管地区行政领导责任人制度。中央项目的工程质量，由国务院有关行业主管部门的行政领导人负责；地方项目的工程质量，按照项目所属关系，分别由各级地方政府行政领导人负责。如发生重大工程质量事故，除追究当事单位和当事人的直接责任外，还要追究相关行政领导人在项目审批、执行建设程序、干部任用和工程建设监督管理等方面失察的领导责任。

（二）实行项目法人责任制

基础设施项目，除军事工程等特殊情况外，都要按政企分开的原则组成项目法人，实行建设项目法人责任制，由项目法定代表人对工程质量负总责。凡没有实行项目法人责任制的在建项目，要限期整改。项目法定代表人必须具备相应的政治、业务素质和组织能力，具备项目管理工作的实际经验。项目法人单位的人员素质、内部组织机构，必须满足工程管理和技术的要求。

（三）实行参建单位工程质量领导人责任制

勘察设计、施工、监理等单位的法定代表人，要按各自职责对所承建项目的工程质量负领导责任。因参建单位工作失误导致重大工程质量事故的，除追究直接责任人的责任外，还要追究参建单位法定代表人的领导责任。

（四）实行工程质量终身责任制

项目工程质量的行政领导责任人，项目法定代表人，勘察设计、施工、监理等单位的法定代表人，要按各自的职责对其经手的工程质量负终身责任。如发生重大工程质量事故，不管调到哪里工作，担任什么职务，都要追究相应的行政和法律责任。

二、公路建设项目管理的特点

根据前面对公路建设项目的定义，并参照世界各国有关工程项目管理的资料，对构成公路建设项目的主要条件及其特点概括如下：

（1）按是否属于一个总体设计或初步设计范围，是否统一核算、统一管理作为划分公路建设项目的基本依据。

（2）工程项目有明确的目标任务。主要有：①建成工期目标；②按质量标准和设计要求完成项目，达到交付验收使用标准；③投资控制目标，即项目必须在预算投资控制范围内完成；④安全生产，安全营运目标。

（3）必须是兴工动料的施工活动。

（4）公路建设项目是按任务，而不是按职能组织起来的，任务是一次性的，或者说每次任务都具有区别于其他任务的特点，需要专门的可行性研究、专门的设计、专门的施工组织与管理。每个项目都有其时间、地点、技术、经济等特殊性，不可能像工业产品一样重复批量生产，因此需要运用项目管理理论和方法，因地制宜，重视项目特性，采用不同的管理方法。

（5）尽管公路建设项目的类型繁多，但项目的建设程序是一致的。即经过规划立项、可行性研究、设计、施工、项目总结评价等阶段。而项目管理就是以工程项目为研究对象，对项目建设的全过程的管理活动。

三、公路建设项目管理的内容

公路建设项目管理是以公路工程项目为研究对象，按项目组建管理机构，对项目实施管理，项目完成后其管理机构随之撤销的一种管理方法。

广义的公路项目管理，包括从规划、立项到交付使用后评价的全过程的管理，主要包括以下工作内容：

（1）确定项目建设意图。

（2）调查研究，如交通量调查，工程地质、水文地质勘查，地形测量，科学研究，工程和工艺技术研究试验，地震、气像、环境保护资料收集及各类建筑材料供应调查等。

（3）路线走向及主要控制点的确定。

（4）公路项目可行性研究，包括预可行性研究和工程可行性研究两个阶段，在技术、经济和生产力布局上对公路工程项目进行可行性论证，并比较多种方案，推荐最佳方案，为投资决策和进一步编制设计任务书提供依据。

（5）投资决策和资金筹措。

（6）编制项目建设规划。

（7）编制设计任务书。

（8）评选方案和委托设计。

（9）进行项目设计和审批，包括初步设计、施工图设计。

（10）项目施工。

（11）项目交（竣）工验收、交付使用和后评价。

以上这些过程，有些是依次进行的，有些是平行交叉进行的。在投资决策以前的各项工作，属于建设项目投资决策阶段研究的范畴；投资决策以后的工作，属于建设项目实施阶段研究的范畴。

狭义的公路建设项目管理，是指公路项目实施阶段的管理。在该阶段，以实施管理的参与者来划分，主要有业主的项目管理、监理方的项目管理和施工单位的项目管理。本书重点研究业主方面的项目管理。对于同一个公路项目，上述各方的管理任务和管理目标是不同的，各方之间需要建立起相互制约、相互协作的关系，这种关系是通过经济合同的形式来体现的。

第四章　公路建设项目建设条件与方案

第一节　概述

一、自然条件

（一）地理位置条件

路线方案设计的首要环节是根据国民经济规划和交通网规划，在交通调查、分析与预测的基础上，确定路线起点、终点和中间控制点之间的具体位置。不同的布线方案需要不同的建设成本，产生不同的经济、社会效益。在路线方案设计中，对地理位置的考虑，主要有以下几个方面：

（1）路线在政治、经济、国防上的意义，国家或地方对路线使用的任务、性质的要求，战备、支农、综合利用等重要方针的体现。例如，国家干线公路，尤其是快速干线公路，应主要考虑在全国性运输网络中的作用，其主要任务是为长途运输服务。因此，在确定路线方案时，既要考虑为大中城市服务，又要尽量减少城市交通和人流对干线路网的交通干扰。因此，干线公路一般在城市郊区通过（称过境公路）；为村镇居民服务的支线公路，主要任务是短途运输，应尽可能穿过村镇居民点，国防公路应主要考虑隐蔽性，并体现国防防御能力。

（2）路线在铁路、公路、航道等交通网络中的分工与配合，路线与沿线工矿、城镇规划的关系，以及与沿线农田水利建设的配合。路线布设尽量做到不与其他运输通道平行，还能解决其他运输方式不能实现的"门到门"运输问题。

（3）沿线地形、地质、水文、气象、地震等自然条件的影响，路网规划所要求的路线技术等级与实际可能达到的技术标准及其对路线使用任务、性质的影响，路线长度、筑路材料来源、施工条件以及工程量、三材（钢材、水泥、沥青）用量、造价、工期、劳动力等情况及其对施工、养护、运营等方面的影响。

（4）其他，如与沿线革命史迹、历史文物、风景区的联系，包括文物保护与风景区保护等。

总之，地理位置对路线方案的影响，在路网规划中应充分地考虑到，在路线方案设计中只能在小范围内对地理位置加以考虑。

（二）地形条件

路线经过的地理位置确定之后，面临的问题是如何在不同的地形条件下布设路线。

1. 平原区布线

平原地区地势比较平坦，地形对路线的限制不大，两控制点间如无地物、地质等障碍和文物、工厂及居民点等，则与两点直接相连的直线是最理想的线形。但在平原地区，农田密布，灌溉渠道网纵横交错，城镇、工业区较多，居民点比较稠密。按照公路的使用任务和性质，有的需要靠近它，有的则需要绕避，从而产生了路线的转折，虽然由此增加了距离，但这也是必需的。因此，平原区布线应当处理好以下关系：

（1）道路与农田的关系。

平原区公路不可避免要占用农田，但要尽量少占和不占高产田，从经济效益角度考虑，应将农田的机会成本同缩短路线长度的效益进行比较。

（2）路线与城镇的关系。

平原区有较密集的城镇和村庄、工业及其他设施，布线应分不同情况，正确处理穿越和绕避问题。对此，在进行方案选择时，除考虑城镇对交通的干扰外，还应将居民搬迁安置费用同缩短路线里程的效益进行比较。

（3）处理好路线与桥位的关系。

大、中桥造价很高，由于河床情况的差异，在不同位置建桥，造价差别可能会很大。在路线方案选择时，是以桥位作为控制点，以节约建桥费用，还是以路线走向确定桥位，以缩短路线里程，并取得较好的线形，同样需要对这两类方案进行技术经济分析。

（4）新路与旧路的关系。

平原地区，通常有较宽的人行大路，新建的公路应尽可能利用老路作为路基，这样可以少占农田。但一定要从公路发展的长远考虑，根据该路在综合运输网络中的地位和作用，严格按照技术标准的要求对老路进行改造。

2. 山岭区布线

山岭地区，山高谷深，坡陡流急，地形复杂，但山脉水系清晰。根据这些特征，山岭区布线主要有沿河线、越岭线和山脊线三种方案。

（1）沿河线。即沿河岸布置的路线，是山岭区布线中常见的一种线形。

沿河布线的优点是：河谷地面纵坡比平缓，一般不超过山岭区公路所允许超过的最大纵坡，便于利用有利地形和地质条件；山区居民多分布在河谷两岸地带，沿河线便于为山区居民服务，同时也发挥了公路运输的经济效益；河内有丰富的沙砾材料，水源充足，便于施工、养护和行车使用。

沿河布线的不利条件是：由于河谷一般较窄，两岸台地常被支沟截断，由此增加了小桥涵的数量；溪流曲折，造成路线曲折，可能会出现许多小半径平曲线，甚至不能满足视距要求；一遇暴雨，山洪暴发，冲刷两岸，危害很大，增加了日后的养护费用。

（2）越岭线。即路线沿分水岭一侧山坡爬上山脊，在适当地点穿过垭口，再沿另一侧山坡下降的路线。

越岭线布局应解决的主要问题是：垭口的选择、过岭标高的选择和垭口两侧展线方案的拟定。它们是相互联系、相互影响的，布线时应综合考虑，并处理好三者的关系。

（3）山脊线。大体上沿分水岭布设的路线称为山脊线。在分水线顺直平缓、起伏不大、岭脊肥厚的分水岭上，可以考虑这种线形。

山脊线一般具有土石方工程量小、水文和地质情况好、桥涵构造物较少等优点。山脊线的缺点是：山脊线线位较高，一般远离居民点；有时筑路材料及水源缺乏，增加了施工费用；地势较高，空气稀薄，有云雾、积雪、结冰等对行车和养护不利。这些优缺点，应在与其他方案作比较时，予以充分考虑。此外，是否采用山脊线方案，还应考虑以下条件：

①分水岭的方向不能偏离路线总方向过远。

②分水岭平面不能过于迂回曲折，纵面上各垭口间的高差不要过于悬殊。

③控制垭口间山坡的地质情况较好，地形不过于陡峻零乱。

④上下山脊线的引线要有合适的地形可以利用。

3. 丘陵区布线

丘陵地区是介于平原区和山岭区之间的地形，其特征是山丘连绵、岗坳交错，此起彼伏，山形迂回曲折，岭低脊宽，山坡较缓，丘谷相对高差不大。丘陵区的地形决定了通过丘陵区的路线特点是：局部方案多，且为了充分适应地形，路线纵断面将有起伏，路线平面也必是以曲线为主体。

微丘区选线应注意利用地形协调平、纵线形的组合，既不要过分迁就微小地形，造成不必要的曲折线形，也不要过分追求直线，造成不必要的起伏线形。

重丘区地形起伏较大，采用技术指标的活动余地较大。选线时应综合考虑平、纵、横三者的关系，恰当地掌握标准，提高线形质量。一般应注意以下三点：

（1）路线应充分利用地形的变化而布设。在注意路线平、纵面线位选择的同时，应注意横向的填挖平衡。横坡较缓的地段，可采用半填半挖或填多余挖的路基；横坡较陡的地段可采用全挖或挖多余填的路基。要注意纵向土石方的平衡，以减少借方和废方。

（2）平、纵、横三个面应综合考虑，不应只顾纵坡平缓，而使路线弯曲，平面标准过低；或者只顾平面顺直，而使纵坡过于起伏；或者只顾平面直捷，纵坡平缓，而造成高填深挖，造价过高；或者只顾降低造价，过分迁就地形，而使平、纵面过多地接近极限指标。

（3）冲沟比较发育的地段，高等级公路可考虑采用高路堤或高架桥的直穿方案；一般公路则多采用绕越方案。

总之在路线方案选择时，要针对具体的地形特征，结合交通量的大小，路线在政治、经济上的意义，来确定公路的等级，进而确定路线的总体方案和局部方案。从这方面来讲，在可行性研究中进行多方案比较是很有必要的。地质、气候、水文条件路线的地理位置确定之后，气候条件却不可选择。对于具体的地质气候和水文条件，主要是采用合理的设计方案和施工方法进行处理，达到技术上可行、经济上合理。

不良的工程地质与水文地质条件，是造成路基病害的主要原因。如地质构造复杂，岩层走向及倾角不利，岩性松软，风化严重，土质差，地下水位较高以及其他特殊不良地质等，都会造成路堤沉陷，边坡坍方，冻胀与翻浆等路基病害。不利的水文与气候因素，如降雨量大、洪水、冰冻、积雪或温差特大，也会影响路基和路面的造价和使用寿命。

针对以上问题，在路线方案选择时，应当着重考虑以下问题：

①调查路线所经地区的气候、水文、工程地质、水文地质条件，了解和掌握它们的变化规律，为防治路基病害提供第一手资料。

②认真选线，精心设计，采用合理的施工方案和施工方法，杜绝路基病害的人为因素。

③充分注意路基排水系统的设计，尤其是在自然地理条件差的路段更应予以高度重视。

④在选择设计、施工方案时，要从公路的整个寿命周期考虑经济效益。一般来说，在建设期投资多一点，可以减少使用过程中的养护、治理费用。总之，在不良地区、气候、水文条件下，道路设计、施工方法也是可以选择的，如换土、高填土和其他地基处理方法，都是可供选择的方案，关键是要从技术和经济上进行全面的衡量。

二、筑路材料及运输条件

（一）选择筑路材料的基本原则

根据工程结构特点的不同，筑路材料可分为路基用材料、路面用材料和工程结构物用材料三大类。

1. 路基用材料

路基用材料主要是路基填土（取土）或路基弃土。其特点是材料价格低，但用量大，在满足质量要求的条件下，这类材料应主要考虑道路和运输条件。一般来讲，在山区和丘陵地区，取土和弃土都很容易解决；在平原区地区，取土和弃土要尽量考虑少占农田。从运输方式来讲，可利用公路施工单位的专业运输力量，也可以利用农村的多种运输方式，如拖拉机运输等。在选择土场时，也可以进行多方案比较，从价格和运距上求得最低的总成本。此外，土方施工的挖运、填、压、机械设备的组合方式，施工现场工作段、工作面的不同安排，对土石方工程的成本都有很大影响。

2. 路面用材料

路面用材料，包括面层、基层和垫层的材料。在路面结构设计时，就有多种不同的路面结构组合方案。如是采用水泥混凝土路面，还是采用沥青混凝土路面，或是采用其他类型的路面结构；路面基层又是采用什么样的结构形式，都应进行不同的方案比较，其中少不了从所需要的材料的成本上进行分析比较，路面用材料主要有水泥、沥青、砂石、石灰和其他工业废渣。

（1）水泥、沥青。

水泥、沥青属市场上采购的材料，其特点是价格高，运费也较高，应重点进行成本分析。

（2）砂石、石灰和其他工业废渣材料。

砂石、石灰，属地方材料。其价格和运距一般介于土方材料和水泥、沥青材料之间，并且由于质量的差别，价格也有很大的不同，应认真进行料场的选择。工业废渣是优先提倡使用的筑路材料，它可以变废为宝，利用工业废渣，可以减少它对农田的占用，减少环境污染。在有条件的地区使用工业废渣筑路，不仅具有良好的经济效益，也具有良好的社会效益。

3. 公路人工构造物用材料。

公路人工构造物主要包括桥梁、涵洞工程、支挡防护工程和立体交叉工程。公路人工构造物虽然工程量不大，但造价很高，所用材料主要是钢材、木材、水泥和砂石材料，选材原则基本和路面工程选材原则相同。对于公路人工构造物的可行性研究，应重点放在结构设计上，不同的结构，造价差别很大。对此，可采用价值工程的基本思想，在满足相同功能的前提下，选用成本较低的设计方案。

（二）材料费用的计算

材料费用包括：材料、构件、成品、半成品的预算价格和施工设备，周转性材料的摊销量和按相应的预算价格计算的费用。

材料的预算价格由原价、供销部门手续费、包装费、运输费、采购及仓库保管费、场外运输损耗六部分组成，其中原价、供销部门手续费、包装费等三项费用通常合并在"供应价格"之内，不需分别计算。

材料预算价格 =（材料供应价格 + 运杂费）×（1+ 场外运输损耗率）×（1+ 采购及保管费率）— 包装品回收价值

1. 材料供应价格

各种材料的供应价格按以下规定计算：

（1）外购材料：国家或地方统一分配的工业产品，按出厂价格计算，根据情况加计供销部门手续费和包装费。如供应情况、交货条件不明确时，也可采用当地规定的价格计算。

（2）地方性材料：包括外购的砂石材料，按当地主管部门规定的价格及调查价计算。

（3）自采材料：自采的砂石、黏土等材料，按定额分析的单价、加辅助生产间接费计算。

2. 运杂费

运杂费系指材料自供应地点至工地仓库的运输费用，包括装卸费、运费，有时还应计算囤存费及其他杂费（如过磅、标签、支撑加固等费用）。

凡由铁路、水运及非施工单位自办的汽车、拖拉机、马车运输的材料，应按铁路、航运和当地交通部门规定的运价计算运费。

凡由施工单位自办运输时，30km 以上的长途汽车运输按当地交通部门规定的统一运价计算运费。30km 及以内短途，当工程所在地交通不便，社会运输力量缺乏的情况下，如边远地区和某些山区，允许单程在 10km 至 30km 的汽车运输按当地交通部门规定的统一运价另加 50% 计算运费，10km 及以内的汽车运输以及人力场外运输，按预算定额计算运费，其中人力装卸和运输另按工费加计辅助生产间接费。

有容器或包装的材料及长大轻浮材料，应按《公路基本建设工程概、预算编制办法》附录三规定的毛重计算。

一种材料如有两个以上的供应点时，都应根据不同的运距、运量、运价采用加权平均的方法计算运费。

由于预算定额中汽车运输台班已考虑工地便道特点，以及分项工程中已另计"工地小搬运"项目，因此，平均运距中汽车便道里程不得乘调整系数，也不得在工地仓库或堆料场之外再加场内运距或二次倒运的运距。

3. 场外运输损耗

场外运输损耗系指有些材料在正常的运输过程中所发生的损耗，这部分损耗应摊入材料单价内。材料场外运输损耗率见《公路基本建设工程概、预算编制办法》附录四。

4. 采购及保管费

材料采购及保管费系指材料供应部门在组织采购、供应和保管材料过程中，所需用的各项费用及工地仓库的材料储存损耗。材料采购及保管费，以材料的供应价格加运杂费及场外运输损耗的合计数为基数，乘以采购保管费率计算。原材料的采购保管费率为 2.5%，外购设备、构件的采购保管费率为 1%。

（三）材料平均运距的计算

在计算材料费时，要涉及材料运距的计算问题，《公路基本建设工程概、预算编制办法》规定，一种材料如有二个以上的供应点时，都应根据不同的运距、运量、运价采用加权平均的方法计算运费。在可行性研究阶段，对材料运距的计算可以归纳为如下三个问题：

1. 卸料地点问题

卸料地点问题包括线型工程（线式卸料）运料的经济供应范围的确定，集中型工程（点式卸料）运料终点的确定。

2. 供应地点问题

供应地点问题包括自采材料料场供应范围、外购材料供应地点的确定。

3. 某种材料的估算平均运距问题

某种材料的估算平均运距问题包括线式卸料总平均运距的计算，点式卸料总平均运距的计算。

三、路线与环境的协调

所谓协调，是指路线设计在满足该级公路技术指标的基础上，为了再进一步提高公路与周围环境和使用的效果而进行的艺术加工，使公路成为一项美观的建筑工程。与环境协调，一要做到尽量不影响或少影响原有工农业生产的布局；二要做到与其他运输方式合理衔接；三要充分利用现存的自然环境。

（一）社会环境的分析

社会环境分析包括：

（1）对沿线村镇居民点、建筑构造物、工农业生产、农林布局对公路选线的制约程度和征用难度的分析、对比，在前文的平原区选线中已作了论述。

（2）新建线路与附近公路、铁路、水运、航空交通的衔接情况。公路运输项目与其他运输项目既有相互分流的影响，又有相互配合的作用，没有"门到门"的公路运输，其他运输方式是难以发挥作用的。在交通区域规划和公路运输项目可行性研究中有必要进行专门的分析。

（二）与自然环境的协调

1. 利用现存的自然环境

在确定路线方案时，就应考虑以下问题：

路线设计，应尽量保持公路周围的地貌，尽量少破坏原地形、天然林木、建筑物等；路基的设计高度、路线的平面位置应尽可能与之协调匹配，尽可能避免与之不相适应的高填深挖；应充分利用现存的自然风景，如孤山、湖泊、大树、林苑等；充分利用人工建筑物，如水坝、桥梁、农舍、古迹、碑塔等，使它们与公路巧妙地艺术地融为一体。

2. 改造现存的设计环境

在路线设计中，通过合理的人工"雕凿"和点缀，使自然环境更加美丽。改造现存的自然环境可以通过三方面途径来实现：即线形设计、局部设计和绿化设计。其作用是改善观瞻以避免沿途色泽单调。

（1）线形设计。

主要是进行视距协调的设计。即在保证有足够视距的前提下，对驾驶员所能看到的前方公路长度宜有所限制。一般情况下，驾驶员在任一点所看到的平面线形弯曲个数不宜超过两个，而纵面线形的起伏次数不宜超过三次。

（2）局部设计。

即进行合理的平面和纵坡布置。这样，不仅节省工程数量，而且可以改善与周围环境的协调。例如，在条件允许的情况下，通过适当地放缓边坡或将边坡的变坡点修饰圆滑等措施，使边坡接近自然地面形态，增加路容的美观；合理地设置公路沿线的安全设备和公路标志，不仅能发挥这些设备和标志的作用，而且也能起到改善景观和诱导视觉的良好效果。

（3）绿化设计。

公路两侧的绿化，可以稳定路基，美化路容，增加行车安全和积累木材资源。除妨碍视距的树木外，已有的树木应充分利用；宜种树路段，可以把公路绿化和种树作为路线设计和可行性研究的内容之一。

第二节　公路建设项目的技术条件与环境保护

一、公路工程项目的技术条件

任何物质生产都是建立在一定的技术基础之上的，高等级公路的发展，对技术的要求越来越高，新的科学技术在公路运输项目中的广泛应用，又不断地推进了公路建设事业的发展。经济是技术进步的目的，技术是达到经济目的的手段。先进、适用的技术，可以用较少的人力物力和财力消耗，取得较好的经济效果。

在可行性研究中，对技术条件的考虑，主要有以下两个方面：

1. 技术革新

技术革新是技术发展中渐进性的进步，如设计方法、施工方法的改革，原材的节约代用和综合利用等。技术革新为技术革命创造了条件，大量的技术革新就会导致技术革命。

在公路运输项目的建设中，技术革新可以从以下几个方面考虑：

（1）改进设计理论和设计方法。如改进结构计算理论、改进结构形式等。

（2）改进施工工艺和操作方法。即在保证质量和安全施工的条件下，采用新的工艺技术，相应地改进操作方法。

（3）改进施工机械设备和工具。特别要改革施工过程中那些劳动条件差、占用工期长和对工程质量影响较大的机具，力求用机械代替手工操作，用高效率、高精确度的机械代替低效率、低精确度的机械。

（4）改进原料、材料、燃料的利用。包括降低消耗，综合利用，节约和代用，以及研制新材料，尽量使用价廉、来源广的材料，节约稀缺贵重的材料，充分发挥材料的潜力，等等。

2. 技术开发

技术开发又称推广研究或开发研究，是指发展新工艺、新技术、解决技术难题的一系列有计划、有组织的研究活动，是科学技术转化为生产力的必由之路。

当前，公路运输项目技术开发的主要方向是：

（1）汽车节能技术和交通安全技术。

（2）大跨、轻型桥梁设计与施工技术。

（3）特殊地基道路施工技术，如软土地区、盐渍土地区、沙漠地区、冻土地区、湿陷性黄土地区等路基施工技术。

（4）路面结构组合设计技术。

（5）道路、桥梁新材料开发与使用技术。

（6）高效施工机具开发技术。

（7）快速交通系统自动控制技术。

（8）现代化的施工管理、营运管理技术等。

二、公路运输项目的环境保护

公路运输项目（包括线路、场站枢纽、运输工具的使用与维修、旅客周转与货物装卸）同其他建设项目一样，对环境会产生一定程度的影响。根据环境保护法的规定，对于这种影响，首先要采取积极预防和治理的措施，其费用计入项目的外差成本；对于那些难以计入成本的环境破坏因素，在项目评价过程中，也应当有明确的标识。

（一）公路运输项目对环境的影响

公路运输项目对环境的影响，主要有车辆排放的废气、扬尘、噪声；场站枢纽的生活垃圾和废水排放；路线施工造成的植被破坏、水土流失、河道堵塞和自然环境的破坏等。据有关资料，运输项目对环境的破坏，仅次于工业项目，位居第二位。当然，不同的运输项目、不同地点的运输项目对环境的破坏程度是不一样的。这一点，在项目可行性研究中必须有充分的认识。

（二）我国环境保护法的主要规定

在建设项目的环境影响报告书中，必须对建设项目产生的污染和对环境的影响做出评价，规定防治措施。环境影响报告书经批准后，计划部门方可批准建设项目设计任务书，土地管理部门方可办理征地手续，银行方可予以贷款。

建设项目中防治污染的设施，必须与主体工程同时设计、同时施工、同时投产使用。

新项目的环境影响评价费用，在可行性研究费用中支出。在建项目需要补做环境影响评价时，其费用应包括在该建设项目的投资—不可预见费用中列出。环境影响报告书（或报告表）应当在可行性研究阶段完成。

建设项目建成后，其污染物的排放必须达到国家或地方规定的标准和符合环境保护的有关法规。

建设项目在施工过程中，应当保护施工现场周围的环境，防止对自然环境造成不应有的破坏；防止和减轻粉尘、噪声、震动等对周围生活居住区的污染和危害；项目竣工后，施工单位应当修整和复原在建设过程中受到破坏的环境。

（三）环境影响报告书内容提要

编制环境影响报告书的目的：在项目的可行性研究阶段，即对项目可能对环境造成的近期和远期影响，拟采取的防治措施进行评价；论证和选择技术上可行、经济、布局合理、对环境有害影响较小的最佳方案，为领导部门决策提供科学依据。

本提要是针对建设项目对环境影响的范围程度较大的大型项目制定的。对公路运输项目，可根据项目的具体情况，选择其中的部分内容进行编制。

第五章 部分公路建设项目全面质量管理

第一节 公路工程全面质量管理的基本概念

一、产品质量

公路工程构造物及公路施工的半成品，我们统称为公路工程产品。公路工程产品的规格和功能千差万别，所以具体的产品都有具体的质量标准。

产品质量就是指产品能够满足人们的需要所具备的那些自然属性，或者特性。就公路而言，公路工程的质量是指在统一标准的确定和质量要求下，经过施工使公路满足其特性要求的程度。

产品质量，包括狭义和广义的两个方面。狭义的质量，就是指工程（产品）的质量；广义的质量，是指除了工程（产品）质量之外，还包括工作质量。

（一）工程（产品）质量

产品本身所具备的自然属性，区别了不同产品的不同用途，满足了人们的不同需要。我们可以根据这些属性能否满足人们的需要，以及满足的程度来衡量产品质量的优劣。

我们把人们对质量的要求，统称为质量特性。就公路工程而言，质量特性可以概括为以下五个方面：

（1）适用性，即工程适合使用的性能。它反映了工程内在质量（如强度、稳定性等）和外观质量（如宽度、厚度、平整度等）。

（2）寿命，是指工程或产品能使用的期限。

（3）可靠性，是指工程或产品在使用时的耐用程度。

（4）安全性，是指工程或产品在使用期内对人身及环境有无危害。

（5）经济性，是指效率高、成本低、养护费用少。

产品质量特性的定性和定量可以分为两种情况：一种是可直接定性、定量的，如强度、厚度等，可以用测试仪器、工具来直接测定；另一种是需间接定性、定量的，如舒适、美观等；只能用目测、手感、体验等来确定，或通过间接测量来确定。

产品质量的定量，需要有一定的质量标准，即需要一系列的指标。在我国，质量标准可分为国家标准、部颁标准和企业（地方）标准。产品质量的好坏，是依据质量标准来判断的，达到质量标准的产品称"合格品"，未达到质量标准的产品称"次品"或"废品"。在统计上用"品级率"指标来反映产品质量的保证程度。通常，凡是"合格品"就认为产品的质量是好的。

（二）工作质量

它是指生产部门为了达到产品质量标准所做的管理工作、技术工作、组织工作的完善程度及其所具有的生产力水平的客观反映。统计上一般用"合格品率"和"废品率"等来反映产品的工作质量。

（三）产品质量与工作质量之间的关系

二者之间既有区别，又有联系，是两个不同的概念。工程质量在一定程度上是工作质量的反映，而工作质量又是工程质量的保证。在质量管理中，既要抓改进产品质量，又要抓好工作质量。

（四）产品质量的形成过程

工程质量形成于生产过程的全过程，对于公路产品而言，即勘察设计、施工、辅助和养护等生产过程。公路工程质量最根本的取决于勘察设计质量和施工质量。

二、全面质量管理的概念

（一）对全面质量的管理

一项建设工程质量的优劣，取决于承担该项工程的设计、施工单位的技术水平和管理素质的高低。就施工单位而言，施工的最终产品就是"工程"，也就是说一项工程由开始施工到工程竣工、交付投产使用的全部施工过程中，需要投入大量的人工、机械、材料，通过管理、组织施工，将"蓝图"变为实实在在的"工程"。因此，原材料质量是否符合标准，操作人员是否认真遵守施工规范、操作规程，工程质量是否按照验收评定标准核验，各项管理工作是否按管理标准运行，各个岗位的职能人员是否按照工作标准进行考核等，都直接关系着工程质量的优劣。全面质量管理中的"全面"就是指对施工中的每一道工序、每一个环节都有严格的控制管理。

（二）对全部过程的管理

一项工程由开始施工到工程竣工、交付使用的全部施工过程中，都存在着影响产品质量的因素，及时采取措施，进行预防性质量控制应贯穿于施工的全部过程中。

（三）对全体人员的管理

由于实行全过程的质量管理，企业中的每一个人都直接或间接地与生产质量有关系。

每个人都要在自己的工作中去发现与产品质量有关的因素或特点，在同其他人的工作中把与产品质量有关的部分协调起来，各负其责，这样才能提高产品质量。因此，全体人员的管理，是指全体人员在不同的岗位上进行质量管理。

三、全面质量管理的任务

（一）建立质量保证体系

要有明确的质量保证规划，要有管理体系的全部活动，要有明确的组织机构和职责分工，要有保证方针、目标实现的各类标准；要有一个比较完善的信息传递反馈系统，要有组织外协单位的质量保证活动。

（二）建立质量管理责任制

明确规定各部门、职工在工程质量和工作质量中的具体任务、责任、权利。做到事事有人管，人人有专责，办事有标准，工作有检查。发挥广大职工的积极性，形成严密的质量管理组织系统。

（三）质量管理的组织、协调和平衡

这 3 个目标是对立统一的，虽有互相联系的一面，但它们之间的不协调经常存在，如各道工序之间，提供材料、半成品的外协单位之间的协调平衡工作是衡量整个企业管理水平的重要标准之一。

四、质量保证体系的概念

质量保证体系，是质量管理的一部分，致力于满足质量要求所必须履行的需求或期望活动中相关联或相互作用的一组要素。使产品或服务能满足规定的质量要求，提供适当信任所必需的全部有计划、有系统的活动。对企业而言，质量保证体系就是根据产品质量的形成过程，把企业各部门、各环节的生产活动严密地组织起来，规定他们在质量管理方面的职责、任务、权限，并建立一套组织和协调这些活动的组织机构，加强质量教育，增强质量意识，树立质量是企业的生命线和下道工序就是用户的思想，使质量管理制度化、标准化，生产出用户满意的产品，给用户以满意的服务。

五、质量管理的基础工作

施工企业实行全面质量管理，必须做好一系列的基础工作，具备一些基本条件、手段和制度。

（一）开展质量管理全员教育

全面质量管理是全员性的管理，为了正确、有效地进行全面质量管理活动，要使企业中的每一个人都要接受全面质量管理知识的教育，有计划地开展全面质量管理的全员教育和培训工作。

（二）建立群众性的质量管理小组

全面质量管理，不但要求企业各部门都为共同的质量管理目标发挥作用，还要求全体职工积极参加管理，使质量管理具有广泛的群众基础。

质量管理小组（即 QC 小组）由生产第一线的管理人员和部分生产工人组成，质量管理小组的组织形式，可以按现有的工段或施工班组建立，也可以按施工过程的质量关键问题或薄弱环节建立，它主要研究并提出改进工程质量的措施和建议。

（三）搞好标准化工作

标准化是组织现代化生产的重要手段，是科学管理的重要组成部分。施工企业标准化的主要内容就是关于技术标准、管理标准、工作标准的制定、实施和考核。

（四）做好原始记录和质量信息工作

原始的检验记录是全面质量管理不可缺少的基础资料，数据的搜集必须及时、准确、系统、全面。

质量信息是反映工程项目在勘察、设计、施工、辅助、使用等五个过程的工程质量因素、企业生产技术状态及采用国内外同行业新技术、新工艺、新材料的情况，它为保证和提高工程质量提供了依据。

（五）搞好质量管理的计量工作

计量工作，是保证工程质量的重要手段和方法，质量管理要通过计量工作采集数据，对取得的数据经过整理分析，帮助我们对质量状况做出正确的判断。

六、质量保证体系的工作内容

公路施工产品质量的形成过程，一般可分为勘察过程、设计过程、辅助过程、施工过程、使用过程等五个过程。每一个过程都会对工程质量发生影响，各个过程的相互作用及其配合，即质量保证和质量反馈是否合理，往往会对工程质量有很大影响。

质量保证，就是前一过程应做好本过程的质量保证，并对下一过程的质量要求和保证起到预防、控制作用。

质量反馈，就是质量形成的逆过程，凡发现上一过程存在质量问题，应及时反馈并请示处理。因此，必须建立一个保证工程质量的工作体系，规定其工作内容。

质量保证体系的工作内容，就是通过必要的制度、手段和方法，把公路建设从勘察、设计、辅助、施工、使用等影响工程质量的一切因素控制起来，使质量管理工作贯穿于公路建设的全过程。

（一）勘察过程的质量管理

公路工程勘察是一个收集资料和设计的过程。勘察质量是保证工程质量的起点。

（二）设计过程的质量管理

工程质量满足使用要求的程度，主要取决于设计过程。所以设计质量是工程质量的决定因素，设计质量如果存在问题，就会造成"先天不足、后患无穷"。

（三）辅助过程的质量管理

辅助过程的质量管理包括辅助生产、施工服务过程的质量管理工作。即工程上所用的原材料、半成品、设备、施工机具等物资供应，甚至动力供应等等的质量管理。施工过程中的很多质量问题，都直接同这些部门的工作质量有关。因此，在全面质量管理系统中，辅助过程的质量管理具有相当重要的地位，不可忽视。

（四）施工过程的质量管理

它是全面质量管理的中心环节，直接影响工程实体的质量状况。这个过程不仅要组织检验，发挥"把关"作用，还要通过质量控制，采取预防措施，以确保质量。

（五）使用过程的质量管理

工程的使用过程是考验工程质量的过程。在这个过程中，一方面，养路部门要精心养护，保证公路的养护质量；另一方面，施工单位、设计单位要通过回访，收集使用单位对设计和施工方面的意见，以利于今后改进设计和施工的质量。

七、全面质量管理的基本工作方法

全面质量管理的基本方法，可以概括为一个过程、四个阶段、八个步骤、七种工具。

（一）一个过程

所谓一个过程，就是指全面抓好工程质量，形成有关的从规划、勘察、设计、施工、辅助到使用等各个阶段的质量管理。

（二）质量管理的四个阶段

全面质量管理是科学的管理，必须有一个工作程序和方法。美国戴明创造的 PDCA 循环法，是解决质量管理问题的一种科学的有效方法。它通过计划（Plan）、实施（Do）、检查（Check）、处理（Action）等四个阶段，不断循环。

第一个阶段是计划，包括方针与目标，活动计划和实施管理要点等；第二个阶段是实施，即按计划的要求去做；第三个阶段是检查，即计划实施之后要进行检查，看看实施效果，哪些做对了？哪些做错了？再进一步找出问题；第四个阶段就是处理，把成功的经验加以肯定，形成标准，总结失败的教训，避免重犯，没有解决的问题，反映到下期计划。

在运用 PDCA 循环时，应注意以下几个问题：

（1）一定要按顺序形成一个循环，让它不断地运转起来。

（2）整个企业是一个大循环，各级、各部门的管理都有各自的 PDCA 循环。通过大环套小环，大小一起转，一层一层解决问题。

（3）四个阶段要周而复始，而每一次 PDCA 循环，到达 A 阶段都要及时总结，提出新的内容与目标，再进入第二次循环。即循环一次，改善一次，提高一步，如同爬楼梯一样。

（4）在计划阶段必须明确以下几个方面：

①必要性（Why）——为什么要有计划。

②地点（Where）——计划要落实在哪些部门。

③目的（What）——计划要达到什么目的。

④期限（When）——计划什么时候完成。

⑤承担者（Who）——计划具体由谁来执行。

⑥方法（How）——如何执行计划。

（5）循环的关键在于 A（处理）阶段，"处理"就是总结经验、肯定成绩、纠正错误。对成绩要加以"标准化""制度化"，对错误要及时采取纠正措施，避免再犯。

（三）解决和改进质量问题的八个步骤

为了解决和改进质量问题，通常把 PDCA 循环进一步具体化为八个步骤：

（1）分析现状，找出存在的质量问题。

（2）分析产生质量问题的各种原因或影响因素。

（3）找出影响质量的主要因素。

（4）针对影响质量的主要因素，制定措施，提出行动计划，并预计效果。

（5）执行措施或计划。

（6）检查采取措施后的效果，并找出问题。

（7）总结经验，制定相应的标准或制度。

（8）提出尚未解决的问题。

以上（1）（2）（3）（4）四个步骤就是"计划"阶段；（5）是"实施"阶段；（6）是"检查"阶段；（7）（8）两个步骤就是"处理"阶段。这八个步骤，需要利用大量的数据和资料，才能做出科学的分析和判断，对症下药解决问题。

（四）全面质量管理常用的七种工具

在全面质量管理中，应用的统计方法有很多，常用的主要有七种统计方法（或称为七种工具）。

属于一般统计方法的有排列图、因果分析图、分层法、调查表法。属于数理统计方法的有直方图、管理图、相关图。

近年来，在开展 TQC 活动中，运用系统科学的理论和技术，在解决质量管理的过程中，又提出了质量管理的七种新方法，即关联图法、KJ 法、系统图法、矩阵图法、矩阵数据分析法、PDPC 法和箭头图法，它们的详细使用情况可参阅有关质量管理的专门书籍或资料。

第二节 公路工程勘察设计质量管理

公路工程勘察设计工作，对保证工程建设质量、缩短工期、节约投资及建成后的使用经济效益、环境效益和社会效益起着决定性的作用。所以说，设计阶段的质量是奠定整个公路工程质量的基础，设计质量存在问题，势必会造成工程质量上的先天不足，影响公路的使用品质，甚至可能导致在使用中出现严重的伤害事件。

国家计划委员会根据我国目前勘察设计中存在的问题，提出要在勘察设计单位推行全面质量管理，必须把提高质量水平及经济效益作为勘察设计工作和改革的指导思想，作为考核勘察设计单位管理水平和领导水平的主要指标。

随着我国经济体制向社会主义商品经济过渡，过去设计单位长期以来事业管理的体制已被打破，这就要求设计单位更要强化质量意识，增强竞争观念，处理好质量和数量、短期和长期效益的关系，通过加强全面质量管理来提高勘察设计质量和企业素质。

实践证明，全面质量管理的基本理论、原则和方法，完全适用于公路工程设计质量管理，只不过应结合设计工作特点灵活应用。

一、勘察及设计的质量要求

勘察设计是公路工程建设的首要环节。勘察就是如实地反映并描绘出公路工程所在地的自然地理、地形、水文地质等建设环境，提供设计所需的基础资料。设计则是设计人员运用科学手段和方法，根据勘察工作提供的设计资料，按设计标准，最终编制出工程施工文件的一个过程。因此，勘察和设计相辅相成，是有机的统一体。

（一）勘察质量要求

（1）公路勘察工作必须依据工程性质和特点（如新建、改建公路工程，桥涵工程，不同的公路等级等），按有关"规范""规程"等文件要求的内容进行，并要检查诸如人员、方案、材料器具等的准备工作。

（2）勘察工作的最终成果，必须满足设计所需要的有关自然地理、水文地质等全部的设计资料。为达到上述要求，还可增加中间检查环节，确保资料的质量和完整。

（3）所提供的资料数据要准确，图表要清晰，尤其对方案比选工作，要提供充分的资料。

（4）对特殊地质及特殊结构（如特大桥梁）基础等要进行专门研究，并提出确切的工程措施和设计所需的详细勘察资料。

（5）做好外业资料的验收和总结评价工作，对不足或不准确的部分要及时补充或返工。最后对勘察资料作总结评价。

（二）设计质量要求

（1）设计成果应符合公路工程的设计原则、技术标准和规范要求，保证工程的使用效果和满足使用功能方面的要求。

（2）公路工程设计要充分体现因地制宜原则，力求经济实用，同时应使技术方案合理而有一定的先进性。

（3）要尽量减少或避免在计算和图纸上出现错、漏、碰等问题，保证设计图的正确性和准确性。

（4）在保证使用效果的前提下，根据施工企业的技术和机械装备条件及发展可能性，设计中尽量创造采用先进的施工工艺的条件，以取得良好施工效果。

（5）搞好设计交底及施工过程的现场服务，及时纠正和解决施工中的设计问题。

二、设计质量全面管理的基础工作

（一）设计质量全面管理的教育工作

全面质量管理知识的普及教育工作，是搞好设计质量管理的前提。要强化设计质量意识及质量管理意识，使广大设计人员充分认识推行设计质量全面管理的意义。

（1）提高人们对设计质量管理的认识，学习掌握全面质量管理的科学体系和方法，认识全面质量管理的科学性、必要性和迫切性。

（2）进行全面质量管理工作的技术培训，区别不同对象，针对各自职责，进行技术知识和管理业务的岗位培训。

要经常对重点专题进行质量剖析和经验总结，把质量教育纳入企业正常工作。

（二）做好设计质量全面管理的技术基础工作

1.建立设计质量责任制

要组成职责分明、任务落实、自上而下的质量管理系统机构；要建立严格的质量责任制和相应的规章制度，包括岗位责任制、质量责任制、技术责任制。形成一个严密协调、有奖有罚、相互制约、层层保证的质量责任制。

2.制定质量管理标准

标准工作在勘察设计中具有极其重要的作用，它有利于把当代科学技术成果尽快地应用到设计中去，并经优化纳入设计标准或标准设计中。

标准分为：

技术标准——勘察设计所使用的各种规范、规程、勘察设计细则、标准设计图等，这也是设计的技术质量标准。

管理标准——为组织、指挥、协调、监督勘察设计而制定的一系列规章制度和行动准则。

制定标准主要从以下几个方面考虑：

（1）制定出上下设计工序互提资料的标准；

（2）编制标准设计和标准设计图；

（3）提出不同设计阶段的内容、深度标准；

（4）完善图纸文件规格要求的标准；

（5）有计划有步骤地采用国际标准和国外先进标准，不断提高我国现行的标准水平。

3. 做好质量信息反馈

勘察设计质量信息包括：①勘察设计全过程的工作质量的基本数据、原始资料；②施工及使用单位对勘察设计质量的评价资料。质量信息是保证和提高勘察设计质量和改善质量管理的重要依据之一，是全面质量管理的重要工作环节。

对所反馈的质量信息，要按一定格式整理、记录、归纳、分析，并提出处理意见，形成一个信息管理的日常工作制度。尤其对第一线设计人员的质量信息反馈更为重要。对重大的勘察设计失误和时限性较强的质量信息要及时传递，以便采取切实的改进措施。

（三）制定管理目标，推行目标管理

目标管理是一种现代化科学管理技术，是把以人为中心和以工作为中心统一起来的一种管理方法。它的主要特点是：

（1）把生产任务转化为目标，企业领导要通过目标对下级进行领导。

（2）各部门、各基层都要在总目标基础上制定具体分目标，并以目标完成情况作为考核标准。

勘察设计目标的含义是指在一定时期内勘察设计产品质量、技术水平和经济效益所要在到的水平。其具体内容有：

（1）发展生产、搞活经营方面的目标。如产量、产值、收入增长速度，劳动生产率提高比率，以及各种支出控制指标等。

（2）设计质量、科技进步方面的目标。如勘察设计质量要达到的水平，创造优秀设计和开发重点项目等。

（3）培养人才、端正作风方面的目标。如技术业务培训、职业道德教育等。

（4）加强管理、强化标准制度方面的目标。如数据档案、质量图表、管理规程建设等。

（5）生活福利及其他方面的目标。

目标管理程序包括目标制定、目标展开、目标推进和目标成果评价。

（四）组织设计质量 QC 小组

质量管理小组（QC 小组），是群众参与质量管理的一种组织形式，是全面质量管理的四大支柱（质量教育、PDCA、QC 小组、标准化）之一，是全面质量管理保证体系中不可缺少的一部分。组织 QC 小组的要点是：

（1）QC 小组目标任务要明确。QC 小组是以提高设计质量、管理质量、服务质量、降低消耗和提高经济效益为目标的，其具体管理选题要围绕本节上述目标，结合设计中的薄弱环节，有的放矢地进行活动。

（2）注意对 QC 小组的指导和培训工作，增强认识、提高管理水平。

（3）抓住重点，带动一般，发挥骨干作用，对 QC 小组的成果分别进行评分，创建先进小组。

（4）要充分发挥小组的自主性、创造性，调动积极因素，实行优质优价，制定奖励方法。

第三节　公路工程施工质量管理

一、公路工程施工质量管理的主要工作

公路工程施工是以现场工程为主体的一种工艺过程，是公路产品逐渐形成的一个阶段。这个阶段的特点是工程量大，涉及面广，耗费人力、物力、财力多，占公路投资总量的绝大部分。同时，由于是现场施工，各种条件多变，有时还会对施工形成种种障碍，迫使施工者不得不采取措施加以克服，因而对施工过程的一些技术和工艺不可能完全照搬硬套。这就要求公路工程施工，不仅要按图按施工技术规程进行，同时要有较丰富的专业知识和经验，慎重进行施工。

在正确设计之后，施工质量便是公路工程的寿命、可靠性、安全性、使用性能和经济性得以实现的保证。对施工质量管理的要求，简单地说，就是确保工序、工程质量符合验收标准，并尽可能达到高标准。其主要工作有以下几点。

1. 施工准备阶段的质量管理工作

（1）充分研究和理解有关设计文件的要求，对设计图纸、说明书、工艺要求、施工计划等，要充分研究和理解，同时还要掌握工程地质、水文勘测等有关资料。

（2）认真做好施工组织计划工作，协调好各种关系，包括基层施工单位之间、工种之间、工序之间、资源之间的关系。

（3）加强对工程所用材料的准备和检验工作，对工程串用和替用材料一定要作计算和检测。

（4）做好机械设备的配置和检修，保证机械正常运转和安全生产，还要对新设备进行调试和操作人员的培训教育。

2．施工过程的质量检查测试

（1）加强施工管理和施工过程中的质量检查，发现问题及时处理。

（2）建立健全工程质量检查和验收规章制度、建立严格的自检和质量监理制度，有条件时应实行社会监理。

（3）采用全面质量管理的方法做好质量控制和分析。

二、公路工程施工质量评定

为了使工程质量鉴定和验收规范化，交通部制定了《公路工程质量检验评定标准》，简称《质检标准》。具体规定了各种工程项目的质量标准，检查方法、质量等级评定方法等。对大型工程项目，应在施工前制定该工程的质检标准，把部颁《质检标准》中与本工程有关的条款纳入其中，并针对工程特点，提出检测、评分方法，以便质量管理工作的开展。

（一）工程质量等级

《质检标准》规定的工程质量等级评定，是以分项工程为基础，按"优良"与"合格"两个等级，依先分项工程、再分部工程，最后是单位工程的次序逐级评定。道路工程质量无"废品"等级，不合格的工程不能验收交上。

1．分项工程评定

各检验项目合格，扣除外观不良分等，实测项目评定分达到 70 分以上为合格；85 分以上为优良。

2．分部工程评定

所有分项工程合格，该分部工程为合格；如其中主要分项工程为优良，且各分项工程的平均分达到 85 分以上，则该分部工程评为优良。

3．单位工程评定

所有分部工程合格，该单位工程为合格；如其中主要分部工程为优良，且各分部工程的平均分达到 85 分以上，且无加固、补强工程，则该单位工程评为优良。

评定过程还需掌握以下原则：

（1）凡是不合格的分项工程，允许加固、补强，满足设计要求后，可按合格等级进入分部工程评定。但如加固、补强后改变了结构外形或造成了历史缺陷者不得评为优良。

（2）经返工重做的工程可以重新评定其质量等级。

（3）凡是评为合格的工程，如经整修后复验，确实符合优良标准者，可评为优良。

（二）质量评定标准

从以上评定道路工程质量等级的程序和方法可知，分项工程质量是整个工程质量评定的基础。分项工程质量有了保证，分部工程和单位工程质量也就有了保证。所以，做好分项工程质量评定，是质量评定工作的重要环节。

《质检标准》规定的分项、分部、单位工程划分。

各分项工程具体检查项目、规定值或允许偏差、检查方法及规定分等，需严格按《质检标准》规定办理。

在质量检验中，道路工程质量被评定为"优良""合格"等级之外，就视为不合格产品，也就意味着出了质量事故。

凡因施工的工程质量不符合规定标准和设计要求，致使工程遭受损毁或产生不可弥补的本质缺陷，影响结构安全和降低使用品质，以及造成返工、加固处理等均属于质量事故。发生质量事故要及时组织力量进行处理，重大质量事故还要填报重大工程质量事故报告表，迅速报请上级研究处理。

公路工程验收，要按现行"公路工程竣工验收办法"进行。其验收程序一般分为初验（交工验收）和竣工验收。初验前，施工单位应将已建成的工程竣工图表、原始记录、工程变更设计、材料试验报告和工程质量检验评定记录资料等，分别装订成册并提交初验小组进行审核。

第六章　公路工程施工质量控制

第一节　概述

一、工程质量的定义

1.质量

国际标准（ISO9000—2000）和我国国家标准（GB/T19000—2000）中对质量的定义为一组固有特性满足要求的程度。

该定义中的质量不仅针对产品（即过程的结果），也可以是某项行动或过程的工作质量，还可以是质量管理体系运行的质量。质量是由一组固有特性组成的，这组固有特性是指满足顾客和其他相关方要求的特性，且将在其行动、态度、活动和过程中体现，并由其满足要求的程度加以表征。

定义中的特性是指事物所特有的性质。质量特性是固有的特性，是通过产品过程或体系设计和开发及实现过程形成的属性。固有的意思是指在某事或某物中本来就有的，尤其是那种永久的特性赋予的特性（如产品的价格）并非产品过程或体系的固有特性，不是它们的质量特性。

定义中的满足要求就是应满足明示的（如合同、规范、标准、技术、文件、图纸中明确规定的）、通常隐含的（如组织的惯例、一般习惯）或必须履行的（如法律、法规、行业规则）的需要和期望。与要求相比较，满足要求的程度才反映为质量的好坏。对质量的要求除考虑满足顾客的需要外，还应考虑其他相关方即组织自身利益、提供原材料和零部件等的供应方利益和社会利益等多种需求。例如，需考虑安全性、环境保护、节约能源等外部的强制要求。只有全面满足这些要求，才能评定为好的质量或优秀的质量。

另外，有关方面对产品、过程或体系的质量要求是动态的、发展的和相对的。质量要求随着时间、地点、环境的变化而变化。如随着技术的发展、生活水平的提高，人们对产品、过程或体系会提出新的质量要求。因此，应定期评定质量要求、修订规范标准，不断开发新产品、改进老产品，以满足已变化的质量要求。另外，不同国家和不同地区因自然环境条件不同、技术发达程度不同、消费水平不同和民俗习惯不同等，会对产品提出不同的要求，产品应具有对环境的适应性，对不同地区提供不同性能的产品，以满足该地区用户的明示或隐含的要求。

2.产品质量

产品质量是指产品满足人们在生产及生活中所需要的使用价值及其属性。它体现为产品的内在质量指标和外观质量指标。

3.工程项目质量

工程项目质量包括工程产品实体和服务两类特殊产品的质量。其中，工程实体作为一种综合加工的产品，其质量是指建筑工程产品适合于某种规定的用途，满足人们要求所具备的质量特性的程度。"服务"是一种无形的产品，服务质量是指企业在推销、销售、售后服务过程中满足用户要求的程度。其质量特性依服务业内不同行业而异，但一般包括服务时间、服务能力、服务态度等。

公路工程建设项目具有须实行招标、投标，投资额大、生产周期长的特点，因此服务质量同样是公路工程项目质量的主要因素之一。公路行业的服务质量既可以是定量的，也可以是定性的，如施工工期是定量的，而现场布置施工单位与现场监理之间的协作配合，工程竣工后的保修等则是定性的。

4.工作质量

工作质量是指参与工程的建设者为了保证工程项目质量所从事工作的水平和完善程度。工作质量包括社会工作质量、生产过程工作质量等，它是质量的广义内容。工作质量不像产品质量那样直观，它体现在整个企业的一切技术和管理活动中，要保证工作质量，要求有关部门和人员精心工作，协调配合，对影响工程质量的所有因素严格控制，通过工作质量来保证工程质量。

要保证公路工程建设处于较高的工作质量水平，必须从人员、材料、设备、方法和环境五大要素入手。

1.人员素质

人是生产经营活动的主体，也是工程项目建设的决策者、管理者、操作者，工程建设的全过程，如项目的规划、决策、勘查、设计和施工，都是通过人来完成的。人员的素质，即人的文化水平、技术水平、管理能力、组织能力、作业能力、控制能力、身体素质及职业道德等，都将直接或间接地对规划，决策、勘查、设计和施工的质量产生影响，而规划是否合理，决策是否正确，设计是否符合所需要的质量功能，施工能否满足合同、规范、技术标准的需要，都将对工程质量产生不同程度的影响，所以人员素质是影响工程质量的一个重要因素。因此，公路建设实行经营资质管理和各类专业从业人员持证上岗制度，是保证人员素质的重要管理措施。

2. 工程材料

工程材料泛指构成工程实体的各类建筑材料、构配件、半成品等，它是工程建设的物质条件，也是工程质量的基础。工程材料费用是否合理、产品是否合格、材质是否经过检验、保管使用是否得当等，都将直接影响建设工程的结构刚度和强度，影响工程外表、观感以及工程的使用功能和工程的使用安全。

3. 机械设备

机械设备可分为两类：一是指组成工程实体的工艺设备和各类机具；二是指施工过程中使用的各类机具设备。工程使用的机具设备质量优劣，施工机具设备的类型是否符合工程施工特点、性能是否先进稳定、操作是否方便安全等都会影响工程项目的质量。

4. 工艺方法

工艺方法是指施工现场采用的施工方案，包括技术方案和组织方案。前者如施工工艺和作业方法，后者如施工区段空间划分及施工流向顺序劳动组织等。在工程施工中，施工方案是否合理、施工工艺是否先进、施工操作是否正确，都将对工程质量产生重大影响。大力推进新技术、新工艺、新方法，不断提高工艺技术水平，是保证工程质量稳定提高的重要因素。

5. 环境条件

环境条件是指对工程质量特性起重要作用的环境因素，包括：①工程技术环境，如工程地质、水文、气象等；②工程作业环境，如施工环境作业面大小、防护设施、通风照明和通信条件等；③工程管理环境，主要指工程实施的合同结构与管理关系的确定，组织体制及管理制度等；④周边环境，如工程建（构）筑物等。环境条件通常会对工程质量产生特定的影响。加强环境管理，改进作业条件，把握好技术环境，辅以必要的措施，是控制环境对质量影响的重要保证。

二、工程项目质量管理

质量管理就是确定质量方针、目标和职能，并通过质量体系中的质量策划、质量控制、质量保证和质量改进来使其实现所有管理职能的全部活动。全面质量管理，是指组织开展以质量为中心、以全员参与为基础的一种管理方法，其目标是通过使用户满意，本单位成员和社会受益而达到长期成功。

1. 质量策划

质量策划是为质量和采用的质量体系要素确定目标和要求而进行的一系列活动。它包括如下内容：

（1）工程策划。对质量特性进行识别、分类和重要性评定，确定质量目标、要求和要素条件。

（2）管理和作业策划。为实施质量体系做准备，包括组织安排与进度安排。

（3）编制质量计划并为质量改进做好准备。

2. 质量控制

质量控制也就是施工质量控制，即为满足工程质量要求所采取的施工作业技术和活动。施工作业技术和活动的主要内容如下。

（1）确定控制计划与标准。

（2）实施控制计划与标准，并在实施过程中进行连续监视、评价和验证。

（3）纠正不符合控制计划与标准的现象。

（4）排除质量形成过程中的不良因素与偏离规范现象，使其恢复正常状态。

3. 质量保证

为使人们确信所建造的公路能满足质量要求，在质量体系内所开展的并按需要进行证实的有计划和有系统的全部活动，称为质量保证。质量保证的核心在于使政府监督部门、工程业主和监理部门确信，施工单位有能力满足规定的质量要求，给它们提供信任感。为此，施工单位必须做到下述两点：

（1）提供充分必要的证据和记录。

（2）接受评价，如政府质量监督部门、工程业主、监理部门和企业高层管理者组织实施的质量审核、质量监督、质量认证、质量评价（评审）。

质量保证还分为内部质量保证和外部质量保证。为了使本企业高层管理者确信本施工单位具备满足质量要求的能力所进行的活动，称为内部质量保证。其中，包括质量审核、质量体系复审、质量评价、工序质量验证等，是企业质量管理职能的活动内容之一。为了使政府质量监督部门、工程业主和监理部门确信施工单位具备满足质量要求的能力所进行的活动，称为外部质量保证。在外部质量保证活动中，首先应把工程业主对施工单位的质量要求（如依照何种标准，需补充的保证要求及其水平）列入合同；其次对施工单位的质量体系进行审核、验证和评价。施工单位应向施工监理部门提供有关质量体系能满足合同要求的证据，包括质量手册程序性文件、质量计划、质量凭证与记录、见证材料等。

4. 质量体系

质量体系是为实施质量管理，由组织机构、职责、程序构成的有机整体。其中，所表述的"组织机构、职责"是指影响工程质量的组织体制。一般包括：领导职责与质量管理职能；质量机构的设置；各机构的质量职能、职责以及它们之间的纵向与横向关系；质量工作网络与质量信息传递和反馈等。所表述的"程序"是指为完成某项活动所规定的活动目的、范围、做法、时间进度、执行人员、控制方法与记录等。这些应通过管理标准、工作标准、规章制度、规程等予以体现。所表述的"有机整体"是指质量体系应由若干相互紧密联系的要素构成。它们一般包括工程设计、施工承包合同、标准规范、人员物资采购、施工准备、质量管理方法的应用、工程安全与责任、测量和试验设备的控制、施工过程控制、不合格控制、纠正措施工程竣工验证、竣工养护、质量文件和记录等。此外，还应有必要的体系文件，即质量手册程序性文件（包括管理性程序文件、技术性文件）、质量计划等。

5. 质量管理与质量保证、质量控制、质量体系之间的关系

通过对上述概念的阐述，可以得出结论：质量管理涵盖了质量保证、质量控制、质量体系。其中，质量保证、质量控制是质量管理的具体实施方法与手段；质量体系是质量管理的组织、程序与资源的规范化、系统化。

6. 质量职能

质量管理在很大程度上是对质量职能的管理。所谓质量职能，是指质量形成全过程所必须发挥的质量管理功能及相应的质量活动。从公路工程质量形成的规律来看，直接影响公路工程质量的主要质量职能有研究设计、投标承包、施工准备、采购供应、施工建造、质量检验、使用养护等。

一般来说，质量职能不同于质量职责质量职能是针对质量形成全过程的客观需要提出的质量活动属性与功能，具有科学性，是相对稳定的；而质量职责是为了实现质量职能，对部门、岗位与个人提出的具体的质量工作任务，并赋予责权利，具有规定性与法定性，是人为的、可变的。因而，可以说质量职能是制定质量职责的依据，质量职责是落实质量职能的方式或手段。

三、工程质量的形成过程

公路工程项目质量是随着工程建设进程的完成而形成的。公路工程建设的不同阶段，对工程项目质量的形成有着不同的作用及影响。

1. 项目可行性研究

项目可行性研究是在项目建议书和项目策划的基础上，运用经济学原理对投资项目的技术、经济、社会、环境及所有方面进行调查研究；对各种可能的拟建方案和建成投产后的经济效益、社会效益和环境效益等进行技术经济分析预测和论证，确定项目建设的可行性，并在可行的情况下通过多方案比较从中选择出最佳建设方案。作为项目决策和设计的依据，在此阶段，需要确定工程项目的质量要求并与投资目标相协调。因此，项目的可行性研究直接影响项目的决策质量和设计质量。

2. 项目决策

项目决策阶段是通过项目可行性研究和项目评估，对项目的建设方案做出决策，使项目的建设充分反映业主的意愿并与地区环境相适应，做到投资、质量、进度三者协调统一。所以，项目决策阶段对工程质量的影响主要是确定工程项目应达到的质量目标和水平。

3. 工程勘查、设计

工程的勘查是为工程建设路线的选择和工程的设计与施工提供资料依据。而工程设计

是根据建设项目总体需求（包括已确定的质量目标和水平）和勘查报告，对工程的外形和内在的实体进行筹划研究、构思、设计和描绘，形成设计说明书和图纸等相关文件，使质量目标和水平具体化，为施工提供直接依据。在一定程度上，设计的完美性反映了一个国家的科技水平和文化水平；设计的严密性、合理性决定了工程建设的成败，是建设工程安全、适用、经济与环保等得以实现的保证。

4. 工程施工

工程施工是指按照设计图纸和相关文件的要求，将设计意图付诸实现的测量、作业、检验，形成工程实体建成最终产品的活动。任何优秀的勘查设计成果，只有通过施工才能变为现实。因此，工程施工活动决定了设计意图能否体现，它直接关系到工程是否安全可靠、使用功能是否得以保证以及外表观感否体现建筑设计的艺术水平。在一定程度上，工程施工是形成实体质量的决定性环节。

5. 工程竣工验收

工程竣工验收是对项目施工质量的检查评定，考核项目质量是否达到设计要求，是否符合决策阶段确定的质量目标和水平，通过验收确保工程项目的质量。

四、工程质量控制的特点

项目前期阶段决定工程项目质量目标与水平，工程设计将项目质量目标具体化，施工形成工程项目实体，施工是形成工程项目质量的关键环节。施工阶段的质量控制是工程项目质量控制的重点。在施工过程中，由于项目施工涉及面广，是一个极其复杂的综合过程，再加上项目位置固定、生产流动、结构类型不一、质量要求不一、施工方法不一、体量大、整体性强、建设周期长、受自然条件影响大等特点，使公路工程项目的质量比一般工业产品的质量更难控制，主要表现在以下六方面。

1. 影响质量的因素多

影响质量的因素有设计、材料、机械、地形、地质、水文、气象施工工艺、操作方法技术措施、管理制度等，均直接影响施工项目的质量。

2. 容易产生质量变异

项目施工不像工业产品生产那样，有固定的自动性和流水线，有规范化的生产工艺和完善的检测技术，有成套的生产设备和稳定的生产环境，有相同系列规格和相同功能的产品。同时，由于影响施工项目质量的偶然性因素和系统性因素较多，很容易产生质量变异，如材料性能微小的差异、机械设备正常的磨损、操作微小的变化、环境微小的波动等，均会引起偶然性因素的质量变异；如果使用材料的规格、品种有误，施工方法不妥，操作不按规程，发生机械故障仪表失灵，设计计算错误等，则会引起系统性因素的质量变异，造成工程质量事故。为此，在施工中要严防出现系统性因素的质量变异，要把质量变异控制在偶然性因素范围内。

3. 容易产生第一、第二判断错误

施工项目由于工序交接多、中间产品多、隐蔽工程多，若不及时检查实质，事后再看表面，就容易产生第二判断错误，容易将不合格的产品判定合格产品；若检查不认真，测量仪表不准，读数有误，则会产生第一判断错误，容易将合格产品判定为不合格产品。在进行质量检查验收时，应特别注意。

4. 质量检查不能解体、拆卸

公路工程项目建成后，不可能像某些工业产品那样再拆卸或解体检查内在的质量，或者重新更换零件；即使发现质量有问题，也不可能像工业产品那样实行"包换"或"退款"。

5. 质量问题的暴露性

公路建筑产品的特殊性决定其质量受全社会的关注和监督，一旦出现质量问题将很快引起媒体和社会的广泛关注。公路建筑产品的使用者具有广泛的社会性；汽车工业的发展使车辆的机械性能得到极大改善，车速的提高和公路网的形成使公路的使用者可以不受任何地区的限制，这就要求业主与承包人必须树立高度的质量责任感，以优异的工作质量，保证公路工程质量，树立政府和企业的社会形象。

6. 质量要受投资、进度的制约

公路施工项目的质量受投资、进度的制约较大。一般情况下，投资大、进度慢，质量就好；反之，质量就差。项目在施工中，必须正确处理质量、投资、进度三者之间的关系，达到对立的统一。

五、影响工程项目质量控制的因素

工程项目管理中的质量控制主要表现为施工组织和施工现场的质量控制，控制的内容包括工艺质量控制和产品质量控制。影响质量控制的因素主要有人、材料、机械、方法和环境五个方面。严格控制这五个方面的因素是保证工程质量的关键。

1. 人的因素

人的因素是指领导者的素质，操作人员的理论技术水平、生理缺陷、粗心大意、违纪违章等。施工时要考虑到对人的因素的控制。人是施工过程的主体，工程质量的形成受到所有参加工程项目施工的工程技术领导者、操作人员、服务人员的共同作用，他们是形成工程质量的主要因素。首先，应提高他们的质量意识。施工人员应牢固树立质量第一、预控为主、为用户服务、用数据说话以及社会效益、企业效益（质量、成本、工期相结合）和综合效益相结合这五大观念。其次，领导者、技术人员的素质要高。应有较高的质量规划、目标管理。施工组织和技术指导、质量检查的能力。最后，应有完善的管理制度、得力的技术措施。操作人员应严格执行质量标准，遵守操作规程，有精湛的技术技能、一丝不苟的工作作风。服务人员应做好技术和生活服务，以出色的工作质量，间接地保证工程质量。

2. 材料的因素

材料（包括原材料、半成品、成品、构配件）是工程施工的物质条件，材料质量是工程质量的基础。如果材料质量不符合要求，工程质量就不可能符合标准。加强材料的质量控制是提高工程质量的重要保证。影响材料质量的因素主要是材料的成分，物理性能、化学性能等，材料控制的要点有优选材料质量鉴定水平高、有一定专业知识的采购人员；掌握材料信息，优选供货厂家；合理组织材料供应，确保正常施工；加强材料的检查验收，严把质量关；抓好材料的现场管理并做好合理使用；搞好材料的试验、检验工作。

建筑工程中材料费用约占总投资的 70% 或更多。一些承包人在拿到工程项目后，为谋取更多利益，不按工程技术规范要求的品种、规格、技术参数等采购相关的成品或半成品，或因采购人员素质低下，对原材料的质量不进行有效控制，从采购环节收取回扣。有的企业没有完善的管理机制和约束机制，无法杜绝不合格的假冒、伪劣产品及原材料进入工程施工，给工程留下质量隐患。国家在有关施工技术规范中对材料的检验方法进行了详细的介绍，实际施工中只要严格执行就能确保施工所用材料的质量。

3. 机械的因素

施工阶段必须综合考虑施工现场条件、建筑结构形式、施工工艺和方法、建筑技术经济等，合理选择机械的类型和性能参数，合理使用机械设备，正确操作。操作人员必须认真执行各项规章制度，严格遵守操作规程，加强对施工机械的维修、保养、管理。

4. 方法的因素

施工过程中的方法包含整个建设周期内所采取的技术方案、工艺流程、组织措施、检测手段、施工组织设计等。施工方案正确与否，直接影响工程质量控制能否顺利实现。施工方案考虑不周将拖延进度、影响质量、增加投资。制定和审核施工方案时，必须结合工程实际，从技术、管理、工艺、组织、操作、经济等方面进行全面分析、综合考虑，力求方案技术可行、经济合理、工艺先进、措施得力、操作方便，有利于提高质量、加快进度、降低成本。

5. 环境的因素

影响工程质量的环境因素较多，有工程地质、水文、气象、噪声、通风、振动、照明、污染等。环境因素对工程质量的影响具有复杂、多变的特点，如气象条件就千变万化，温度、湿度、大风、暴雨、酷暑、严寒都直接影响工程质量，往往前一工序就是后一工序的环境，前一分项、分部工程也是后一分项、分部工程的环境。冬雨期、炎热季节、风季施工时、应针对工程的特点，尤其是混凝土工程、土方工程、水下工程及高空作业等，拟定季节性保证施工质量的有效措施，以免工程质量受到冻害、干裂、冲刷等危害。要不断改善施工现场的环境，尽可能减少施工所产生的危害。为杜绝对环境的污染，应建立全施工现场管理制度，实行文明施工，根据工程特点和具体条件应对影响质量的环境因素，采取有效的措施严加控制。通过科技进步和全面的质量管理，提高质量控制水平。

六、工程项目质量管理的原则

在工程质量管理过程中，还应遵循以下五条原则。

1. 坚持质量第一的原则

公路工程建设产品使用年限长，并直接关系到人民生命财产的安全，应坚持"百年大计，质量第一"的原则，在工程建设中自始至终把"质量第一"作为对工程质量管理的基本原则。

2. 坚持以人为核心的原则

人是工程建设的决策者、组织者、管理者和操作者。在工程质量管理中，要以人为核心，重点控制人的素质和行为，充分发挥人的积极性和创造性，以人的工作质量保证工程质量。

3. 坚持以预防为主的原则

工程质量管理要重点做好质量的事前管理和事中管理，以预防为主，加强过程和中间产品的质量检查和管理。

4. 坚持质量标准的原则

质量标准是评价产品质量的尺度，工程质量是否符合合同规定的质量标准要求，应通过质量检验并和质量标准对照，进行严格检查。

5. 坚持科学、公正、守法的职业道德规范

在工程质量管理中，监理人员必须坚持科学、公正、守法的职业道德规范，要尊重科学、尊重事实，以数据资料为依据，客观、公正地处理质量问题。

第二节　工程项目质量控制

工程项目施工过程的质量管理必须建立在质量体系基础上，对施工质量开展一系列的管理活动。实行质量管理应有目标、计划、制度和措施，通过组织和人员去落实。

一、工程项目施工质量控制的依据

（一）质量管理与控制的基础资料

（1）工程承包合同文件。工程施工承包合同文件和监理合同中，分别规定了参与建设的各方在质量控制方面的权利和义务的条款，有关各方必须履行在合同中的承诺。

（2）设计文件。按图施工是施工阶段质量控制的一项重要原则。因此，经过批准的设

计图纸和技术说明书等设计文件，无疑是质量管理的重要依据。

（3）国家及政府有关部门颁布的有关质量管理方面的法律、法规性文件。全国人大常委会和国务院颁布的法律法规有《中华人民共和国合同法》《中华人民共和国建筑法》《中华人民共和国公路法》《中华人民共和国招投标法》《工程建设质量管理条例》等；交通运输部颁布的部门规章有《公路工程监理规范》等。

（二）质量检验与控制的法规

（1）质量检验与验收标准。

（2）有关材料、设备质量检验标准。

（3）有关工序质量控制标准。

对于公路工程施工来说，主要有《公路工程质量检验评定标准》和其他公路工程的设计和施工技术规范。

（一）质量控制的过程

任何工程项目都是由分项工程、分部工程和单位工程所组成的，而分项工程项目又是通过一道道工序来完成的。根据工程实体形成过程，工程项目施工质量系统控制过程为工序质量、分项工程质量、分部工程质量、单位工程质量。

工程质量控制过程也是一个由对投入原材料的质量控制开始，经过工程施工质量控制，直到完成工程质量检验为止的过程。

（二）工程施工项目质量控制的阶段

为了加强对施工项目的质量控制，明确各施工阶段质量控制的重点，可把施工项目质量控制分为事前质量控制、事中质量控制和事后质量控制三个阶段。

（1）事前质量控制，是指在正式施工前进行的质量控制，其控制重点是做好施工准备工作。

①施工准备的范围。全场性施工准备是以整个项目施工现场为对象而进行的各项施工准备。单位工程施工准备是以一个建筑物或构筑物为对象而进行的施工准备。分项（部）工程施工准备是以单位工程中的一个分项（部）工程或冬季、雨季施工为对象而进行的施工准备。项目开工前的施工准备是在拟建项目正式开工前所进行的一切施工准备。项目开工后的施工准备是在拟建项目开工后，每个施工阶段正式开工前所进行的施工准备，每个阶段的施工内容不同，所需的物质技术条件、组织要求和现场布置也不同，因此必须做好相应的施工准备。

②施工准备的内容。

a.技术准备，包括项目扩大初步设计方案的审查，熟悉和审查项目的施工图纸，项目建设地点的自然条件，技术经济条件调查分析，编制项目施工组织设计，等等。

b.物质准备，包括建筑材料准备、构配件和制品加工准备、施工机具准备、生产工艺设备准备等。

c.组织准备，包括建立项目组织机构、集结施工队伍、对施工队伍进行入场教育等。

d.施工现场准备，包括控制网、水准点、标桩的测量，生产、生活临时设施等的准备；组织机具、材料进场；拟订有关试验、试制和技术进步项目计划；编制季节性施工措施；制定施工现场管理制度等。

（2）事中质量控制，是指在施工过程中进行的质量控制。

事中质量控制的策略是全面控制施工过程，重点控制工序质量。具体措施有：工序交接时进行检查；质量预控制定对策；施工项目有配套方案；技术措施有交底文件，图纸的会审记录；材料配制有相应试验；隐蔽工程验收；计量仪器定期校正；设计变更有手续；钢筋代换制度；质量处理复查；成品保护措施；质量文件档案等。

（3）事后质量控制，是指在完成施工过程形成产品后进行的质量控制，其具体工作内容如下：

①组织试通车。

②准备竣工验收资料，组织自检和初步验收。

③按规定的质量评定标准和办法，对完成的分项、分部工程及单位工程进行质量评定。

④组织竣工验收，按设计文件规定的内容和合同规定的内容完成施工，保证质量达到国家质量标准，能满足生产和使用要求；主要大型结构物完工，投入试通车，交工验收的建筑物能正常使用，交工验收的工程现场清理完毕。技术档案资料齐全。

三、施工工程项目质量控制的方法

施工工程项目质量控制的方法，主要是审核有关技术文件报告和直接进行现场检查或必要的试验等。

（一）审核有关技术文件、报告或报表

对技术文件、报告、报表的审核是项目经理对工程质量进行全面控制的重要手段。其具体内容有：审核有关技术资质证明文件；审核开工报告，并通过现场核实审核施工方案、施工组织设计和技术措施；审核有关材料、半成品的质量检验报告；审核反映工序质量动态的统计资料或控制图表；审核设计变更，修改图纸和技术核定书；审核有关质量问题的处理报告；审核有关应用新工艺、新材料、新技术、新结构的技术鉴定书；审核有关工序交接检查、分项，分部工程质量检查报告；审核并签署现场有关技术签证、文件等。

（二）现场质量检查

（1）现场质量检查的内容。

①开工前检查。目的是检查是否具备开工条件，开工后能否连续正常施工，能否保证工程质量。

②工序交接检查。对于重要的工序或对工程质量，有重大影响的工序，在自检、互检的基础上，还要组织专职人员进行工序交接检查。

③分项、分部工程完工后，经过检查认可，签署验收记录后，才能进行下一工程项目施工。

④隐蔽工程检查。凡是隐蔽工程必须检查认证后方能掩盖。

⑤停工后复工前的检查。因处理质量问题或某种原因停工后需复工时，也要经过检查认可方能复工。

⑥成品保护检查。检查成品有无保护措施，或保护措施是否可靠。

此外，还应经常深入现场，对施工操作质量进行巡视检查；必要时，应进行跟班或追踪检查。

（2）现场质量检查的方法。

现场进行质量检查的方法有目测法、实测法和试验法三种。

①目测法是指通过看、摸、敲、照的手段进行质量检查。

②实测法是指通过实测数据与施工规范及质量标准所规定的允许偏差对照，来判断质量是否合格。

③试验法是指通过试验手段对质量进行判断的检查方法。

四、工序质量控制

工程质量是在施工工序中形成的，而不是靠最后检验形成的。为了把工程质量从事后检查把关转向事前控制达到"以预防为主"的目的，必须加强施工工序的质量控制。

（一）工序质量控制的概念

工程项目的施工过程是由一系列相互关联、相互制约的工序构成的，工序质量是基础，其将直接影响工程项目的整体质量。要控制工程项目施工过程的质量，首先必须控制工序的质量。

工序质量包含工序活动条件的质量和工序活动效果的质量两方面内容。从质量控制的角度来看，这两者是互为关联的，一方面要控制工序活动条件的质量，即每道工序投入品的质量是否符合要求；另一方面要控制工序活动效果的质量，即每道工序施工完成的工程产品是否达到有关质量标准。

工序质量的控制就是对工序活动条件的质量控制和工序活动效果的质量控制，据此来实现对整个施工过程的质量控制。

工序质量控制的原理是采用数理统计方法，通过对工序一部分（子样）检验的数据进行统计、分析，来判断整道工序的质量是否稳定、正常；若不稳定或产生异常情况，必须及时采取对策和措施予以改善，实现对工序质量的控制，其控制步骤如下：

（1）实测。采用必要的检测工具和手段，对抽出的工序子样进行质量检验。

（2）分析。对检验所得的数据通过直方图法、排列图法或管理图法等进行分析，了解这些数据所遵循的规律。

（3）判断。根据数据分布规律分析的结果，如数据是否符合正态分布曲线、是否在上下控制线之间、是否在公差（质量标准）规定的范围内等，对整个工序的质量进行判断，确定每道工序是否达到质量标准。若出现异常情况，就能迅速寻找到原因，采取对策和措施加以预防，这样便可达到控制工序质量的目的。

（二）工序质量控制的内容

（1）严格遵守工艺规程。施工工艺和操作规程是进行施工操作的依据和法规，是确保工序质量的前提，任何时候都必须严格执行，不得违反。

（2）主动控制工序活动条件的质量。工序活动条件的内容较多，主要是指影响质量的五大因素，即施工操作者、材料、施工机械设备、施工方法和施工环境等。只要使这些因素处于切实有效的控制状态，确保工序投入品的质量，避免系统性因素变异发生，就能保证每道工序质量正常、稳定。

（3）及时检验工序活动效果的质量。工序活动效果是评价工序质量是否符合标准的尺度，必须加强质量检验工作，对质量状况进行综合统与分析，及时掌握质量动态。一旦发现质量问题，立即进行研究处理，自始至终使工序活动效果的质量满足规范和标准要求。

（4）设置工序质量控制点。控制点，是指为了保证工序质量而进行控制的重点、关键部位或薄弱环节，以便在一定时期内、一定条件下进行强化管理，使工序处于良好的控制状态。

第三节　公路工程施工质量问题处理

通常在建设工程中所称的工程质量问题，一般是指工程不符合国家或行业现行有关技术标准、设计文件及合同中对质量的要求的问题，由于工程质量不合格和质量问题，造成或引发经济损失、工期延误或危及人的生命和社会正常秩序的事件，称为工程质量事故。由于影响工程质量的因素众多而且复杂多变，难免会出现某种质量事故或不同程度的质量问题，因此处理好工程质量事故，认真分析原因，总结经验教训，改进质量管理与质量保证体系，使工程质量事故减少到最低限度，是公路质量控制的一个重要内容与任务。

一、质量问题处理的原则

（1）质量问题处理的目标是消除质量问题或隐患，达到工程安全可靠和正常使用的各项功能要求，并保证施工的正常进行。

（2）质量问题的处理要体现以预防为主的原则。在施工中要及时发现事故苗头，把质量问题消灭在萌芽状态，在质量问题处理过程中，要采取措施防止问题的再次发生。

（3）在质量问题处理过程中要及时采取措施，防止质量问题的继续发展，尽可能减少损失。

（4）对质量问题的处理应不降低质量控制指标和验收标准。处理的方法应是技术规范允许行业公认的良好工程技术。

（一）质量问题性质的确定

质量问题性质的确定是最终确定问题处理办法的首要工作和根本依据，一般通过下列方法来确定问题的性质。

1. 了解和检查

对有问题（缺陷）的工程进行现场情况、施工过程、施工设备和全部基础资料的了解和检查，主要包括调查及检查质量实验检测报告、施工日志、施工工艺流程、施工机械情况以及气候情况等。

2. 检测与试验

通过检查和了解可以发现一些表面的问题，得出初步结论，但往往需要进一步的检测与试验来加以验证。

3. 专门调研

有些质量问题，仅仅通过以上两种方法仍不能确定。如某工程出现异常现象，但在发现问题时，有些指标却无法被证明是否满足规范要求，只能采用参考的检测方法。为了得到这样的参考依据并对其进行分析，往往有必要组织有关方面的专家或成立专题调查组，提出检测方案，对所得到的一系列参考依据和指标进行综合分析研究，找出产生问题的原因，确定问题的性质，这种专题研究对问题的妥善解决作用重大，因此经常被采用。

（二）质量问题的处理

对质量问题的处理应做好以下两项工作。

1. 质量问题分析

工程项目质量问题表现的形式多种多样，如桥台跳车，路基沉陷，路面开裂，结构物倾斜、倒塌、开裂、强度不足、断面尺寸不准，等等。但究其原因，可归纳如下：

（1）违背建设程序。如不经可行性论证，不做调查分析就拍板定案；没有搞清工程地质、水文地质就仓促开工；无证设计，无图施工；任意修改设计，不按图纸施工；不经验收就交付使用等，致使不少工程项目留有严重隐患，结构物倒塌事故也常有发生。

（2）工程地质勘查原因。未认真进行地质勘查，提供的地质资料、数据有误；地质勘查时，钻孔间距过大，不能全面反映其他地基的实际情况，如当基岩地面起伏变化较大时，软土层厚薄相差甚大；地质勘查钻孔深度不够，没有查清地下软土层，滑坡、墓穴、孔洞等地层构造；地质勘查报告不详细、不准确等，均会导致采用错误的方案，造成基础不均匀沉降、失稳，使上部结构开裂、破坏、倒塌。

（3）未加固处理好基础。软弱土、冲填土、杂填土、湿陷性黄土、膨胀土、岩层出露、熔岩、土洞等不均匀地基未进行加固处理或处理不当，均是导致重大质量问题的原因。

（4）设计计算问题。设计考虑不周，结构构造不合理，计算简图不正确，计算荷载取值过小，内力分析有误，沉降缝设置不当，都是诱发质量问题的隐患。

（5）建筑材料及制品不合格。例如，水泥受潮、过期、结块、安定性不良，钢筋物理力学性能不符合标准，沙石级配不合理、有害物含量过多，混凝土配合比不准，外加剂性能、掺量不符合要求，均会影响混凝土的强度、和易性、密封性、抗渗性，导致混凝土结构强度不足、裂缝、渗漏、蜂窝、露筋等质量问题。预制构件断面尺寸不准，支撑锚固长度不够，未建立可靠预应力值，钢筋漏放、错位，板面开裂等必然会出现断裂、垮塌。

（6）施工和管理问题。许多工程质量问题往往是由施工和管理所造成的，有如下几种情况：

①不熟悉图纸，盲目施工，图纸未经会审，仓促施工；未经监理、设计部门同意，擅自修改设计。

②不按图纸施工，如把简支梁做成连续梁，把铰接做成刚接，抗裂结构用光圆钢筋代替变形钢筋等。

③不按有关施工验收规范施工，如现浇混凝土结构不按规定的位置和方法留设施工缝；不按规定的强度拆除模板砌体，不按要求错缝砌筑等。

④不按有关操作规程施工，如用插入式振捣器捣实混凝土时，不按插入点均布、快插慢拔、上下抽动、层层扣搭的操作方法，致使混凝土振捣不实而整体性差。

⑤缺乏基本结构知识，施工蛮干。如将钢筋混凝土预制梁倒放安装；将悬臂梁的受拉钢筋放在受压区；结构构件吊点选择不合理；不了解结构使用受力和吊装受力的状态等，都将给质量和安全造成严重的后果。

⑥施工管理紊乱，施工方案考虑不周，施工顺序错误，如技术组织措施不当、技术交底不清、违章作业、不重视质量检查和验收工作等，都将导致质量问题发生。

（7）自然条件影响工程施工周期长，露天作业多，受自然条件影响大，温度、湿度、日照、雷电、洪水、大风、暴雨都能造成重大的质量事故，施工中应特别重视，并采取有效措施加以预防。

（8）建筑结构使用问题。建筑物使用不当，也易造成质量问题，如不经校核、验算就在原有建筑物上任意加荷，使用荷载超过原设计的容许荷载，任意开、打洞削弱承重结构的截面等。

2. 质量问题的处理

（1）质量问题的现场处理。在各项工程的施工过程中或完工以后，现场管理人员如发现工程项目存在技术规范所不容许的质量问题，应根据质量问题的性质和严重程度，按如下方式进行处理：

①因施工而引起的质量问题处在萌芽状态时，应及时纠正，立即换掉不合格的材料、设备或不称职的施工人员或立即改变不正确的施工方法及操作工艺。

②因施工而引起的质量问题已出现时，承包人应暂停施工，并对质量缺陷进行正确的补救处理后，方可恢复施工。

③质量问题发生在某道工序或单项工程完工以后，而且质量缺陷的存在将对下道工序或分项工程产生质量影响时，应在对质量问题产生的原因及责任作出判断并确定补救方案后，再进行质量问题的处理或下道工序或分项工程的施工。

④在交工使用后的缺陷责任期内发现施工质量问题时，施工单位应进行修补加固或返工处理。

（2）质量问题的修补与加固。对由施工原因产生的质量问题的修补和加固，应先由施工单位提出修补方案及方法，经监理工程师批准后方可进行；对因设计原因而产生的质量问题，应通过业主提出处理方案及方法，由施工单位进行修补。修补措施及方法不能降低质量控制指标和验收标准，并是技术规范允许的或是行业公认的良好工程技术。如果已完工程出现问题，但并不构成对工程安全的危害，并且满足设计和使用要求，在征得业主同意后，可不进行加固或变更处理。

3. 质量事故的处理

发生质量事故应按下列程序处理：

①承包人暂停该项工程的施工并采取有效的安全措施。

②承包人尽快提交质量事故报告并报告业主，质量事故报告应翔实反映该项工程名称、部位、事故原因、应急措施、处理方案以及损失的费用等。

③组织有关人员在对质量事故现场进行审查、分析、诊断、测试或验算的基础上，对提出的处理方案予以审查、修正、批准，在得到监理方指令后恢复该项工程施工。

④对有争议的质量事故责任，由监理方予以责任判定。监理方判定时会全面审查有关施工记录设计资料及水文地质现状，必要时还要实际检验测试。在划分技术责任时，应明确事故处理的费用数额、承担比例及支付方式。

处理质量事故还应当注意无论是质量缺陷问题的补救还是质量事故的处理，都不应以降低质量标准或使用要求为前提，而且要考虑对外形及美观的影响。当别无选择且不影响使用要求的情况下降低标准时，应征得业主的同意并在竣工报告及竣工资料中特别提出。

第四节　公路工程施工质量检验评定与验收

工程项目质量检验评定与验收，是工程质量控制的重要环节。

一、工程项目质量检验评定与验收标准

1. 工程项目质量检验评定与验收标准组成

工程项目质量检验评定与验收具有严格的法定程序和相应的标准。公路工程项目质量检验评定与验收的标准有工程合同、设计文件《公路工程质量检验评定标准》和《公路工程竣（交）工验收办法》。

2. 单位工程、分部工程及分项工程的划分

根据建设任务、施工管理和质量检验评定需要，公路建设项目应按下列原则划分为单位工程、分部工程和分项工程。

（1）单位工程：在建设项目中，根据签订的合同，具有独立施工条件的工程。

（2）分部工程：在单位工程中，应按结构部位路段长度及施工特点或施工任务划分为若干个分部工程。

（3）分项工程：在分部工程中，应按不同的施工方法、材料、工序及路段长度等划分为若干个分项工程。

承包人应按此种工程划分进行质量自检和资料汇总，监理部门应按照此种工程划分逐级进行工程质量等级评定。

在质量自检和评定中，按分项工程、分部工程、单位工程的顺序逐级评定。

二、工程质量评定

工程项目质量评定是对工程质量状态进行鉴定，确定工程质量等级的过程。

1. 工程质量检验评定的内容

分项工程是构成工程实体的最小单元，工程质量检验评定的重点是对分项工程质量的检验与评定。公路项目分项工程质量检验与评定的内容包括以下方面：

（1）基本要求项目。基本要求项目主要检查重要工程材料、成品、半成品及附件的材质、结构的强度、刚度和稳定性、施工工艺等保证工程质量的基本条件。

（2）实测项目。实测项目主要检查以定量数据反映结构的强度、刚度，稳定性、平面线形及纵面线形等指标达到的质量要求的情况，通常采用偏差值比例反映其达到质量要求的程度。

（3）外观鉴定。外观质量是工程质量的重要组成部分。对于市政项目等，外观质量具有一票否决权，公路项目通常针对是否存在外观缺陷采用扣分方式反映该部分质量状态。

2.公路工程项目质量评定方法

承包人应在各分项工程完工后，按基本要求、实测项目和外观鉴定进行自查，按规定完成"分项工程质量检验评定表"，提交真实、完整的自查资料。实行监理制度应由监理工程师确认。质量监督部门根据抽查资料和确认的自查资料评分。

公路工程质量检验评分以分项工程为评定单元，采用100分制评分方法进行评分。在分项工程评分的基础上、逐级计算各相应分部工程、单位工程评分值和建设项目中单位工程优良率。

（1）分项工程质量评分。

分项工程质量检验内容包括基本要求、实测项目、外观鉴定和质量保证资料四个部分。只有在其使用的原材料、半成品、成品及施工工艺符合基本要求的规定且无严重外观缺陷和质量保证资料真实并基本齐全时，才能对分项工程质量进行检验评定。

涉及结构安全和使用功能的重要实测项目为关键项目，其合格率不得低于90%（属于工厂加工制造的交通工程安全设施及桥梁金属构件不低于95%，机电工程为100%），且检测值不得超过规定极值，否则必须进行返工处理。

实测项目的规定极值，是指任一单个检测值都不能突破的极限值，不符合要求时该实测项目为不合格。

分项工程的评分值满分为100分，按实测项目采用加权平均法计算存在外观缺陷或资料不全时，须予以减分。

分项工程评分值 = 分项工程得分—外观缺陷减分—资料不全减分

①基本要求检查。分项工程所列基本要求，对施工质量优劣具有关键作用，应按基本要求对工程进行认真检查，经检查不符合基本要求规定时，不得进行工程质量的检验和评定。

②实测项目计分。对规定检查项目采用现场抽样方法，按照规定频率和下列计分方法对分项工程的施工质量直接进行检测计分。

检查项目除按数理统计方法评定的项目外，均应按单点（组）测定值是否符合标准要求进行评定并按合格率计分。

检查项目除按数理统计方法评定的项目外，均应按单点（组）测定值是否符合标准要求进行评定并按合格率计分。

③外观缺陷减分。对工程外表状况应逐项进行全面检查，如发现外观缺陷，应进行减分。对于较严重的外观缺陷，施工单位须采取措施进行整修处理。

④资料不全减分。分项工程的施工资料和图表残缺，缺乏最基本的数据，或有伪造涂改者，不予检验和评定。资料不全者应予减分，减分幅度可按《公路工程质量检验评定标准》所列各款逐款检查，视资料不全情况，每款减1—3分。

（2）分部工程和单位工程质量评分

公路项目的分项工程和分部工程区分为一般工程和主要（主体）工程，分别给以 1 和 2 的权值。进行分部工程和单位工程评分时，采用加权平均值计算法确定相应的评分值。

（3）质量保证资料

施工单位应有完整的施工原始记录、试验数据、分项工程自查数据等质量保证资料，并进行整理分析，负责提交齐全、真实和系统的施工资料和图表，工程监理单位负责提交齐全、真实和系统的监理资料。质量保证资料应包括以下六个方面：

①所用原材料、半成品和成品质量检验结果。

②材料配比、拌和加工控制检验和试验数据。

③地基处理、隐蔽工程施工记录和大桥、隧道施工监控资料。

④各项质量控制指标的试验记录和质量检验汇总图表。

⑤施工过程中遇到的非正常情况记录及其对工程质量影响分析。

⑥施工过程中如发生质量事故，经处理补救后，达到设计要求的认可证明文件等。

3. 工程质量等级评定

（1）分项工程质量等级评定。

分项工程评分值不小于 75 分者为合格；小于 75 分者为不合格；机电工程、属于工厂加工制造的桥梁金属构件不小于 90 分者为合格 / 小于 90 分者为不合格。评定为不合格的分项工程，经加固、补强或返工、调测，满足设计要求后，可以重新评定其质量等级，但计算分部工程评分值时按其复评分值的 90% 计算。

（2）分部工程质量等级评定

所属各分项工程全部合格，则该分部工程评为合格；所属任一分项工程不合格，则该分部工程为不合格。

（3）单位工程质量等级评定

所属各分部工程全部合格，则该单位工程评为合格；所属任一分部工程不合格，则该单位工程评为不合格。

（4）合同段和建设项目质量等级评定

合同段和建设项目所含单位工程全部合格，其工程质量等级为合格；所属任一单位工程不合格，则合同段和建设项目为不合格。

三、公路工程项目交工与竣工验收

公路工程验收分为交工验收和竣工验收两个阶段。交工验收阶段的主要工作是检查施工合同的执行情况、评价工程质量、对各参建单位工作进行初步评价。竣工验收阶段的主要工作是对工程质量参建单位和建设项目进行综合评价，并对工程建设项目做出整体性综合评价。

1.公路工程竣（交）工验收的依据

①批准的项目建议书、工程可行性研究报告。

②批准的工程初步设计、施工图设计及设计变更文件。

③施工许可。

④招标文件及合同文本。

⑤行政主管部门的有关批复、批示文件。

⑥公路工程技术标准、规范、规程及国家有关部门的相关规定。

2.交工验收

公路工程验收分为交工验收和竣工验收两个阶段。交工验收是检查施工合同的执行情况，评价工程质量是否符合技术标准及设计要求，是否可以移交下一阶段施工或是否满足通车要求，对各参建单位工作进行初步评价。

公路工程各合同段符合交工验收条件后，经监理工程师同意，由施工单位向项目法人提出申请，项目法人应及时组织对该合同段进行交工验收。

公路工程各合同段验收合格后，项目法人应按交通运输部规定的要求及时完成项目交工验收报告，并向交通主管部门备案。质量监督机构应向交通主管部门提交项目的检测报告。交通主管部门在15d内未对备案的项目交工验收报告提出异议，项目法人可开放交通进入试运营期。

交工验收提出的工程质量缺陷等遗留问题，由施工单位限期完成。

公路工程进行交工验收应具备的条件：

①合同约定的各项内容已完成。

②施工单位按交通运输部制定的《公路工程质量检验评定标准》及相关规定的要求对工程质量自检合格。

③监理工程师对工程质量的评定合格。

④质量监督机构按交通运输部规定的公路工程质量鉴定办法，对工程质量进行检测（必要时可委托有相应资质的检测机构承担检测任务），并出具检测意见。

⑤竣工文件已按交通运输部规定的内容编制完成。

⑥施工单位、监理单位已完成本合同段的工作总结。

公路工程进行交工验收的组织：

项目法人负责组织公路工程各合同段的设计、监理、施工等单位参加交工验收。拟交付使用的工程，应邀请运营、养护管理单位参加。

交工验收的检验评分：

项目法人组织监理单位按《公路工程质量检验评定标准》的要求对各合同段的工程质量进行评定。

工程质量评分采用所含各单位工程质量评分的加权平均值。即工程各合同段交工验收结束后，由项目法人对整个工程项目进行工程质量评定，工程质量评分采用各合同段工程质量评分的加权平均值。

3. 竣工验收

竣工验收是综合评价工程建设成果，对工程质量参建单位和建设项目进行综合评价。竣工验收由交通主管部门按项目管理权限负责交通运输部负责国家、部重点公路工程项目中 100km 以上的高速公路、独立特大型桥梁和特长隧道工程的竣工验收工作；其他公路工程建设项目，由省级人民政府交通主管部门确定的相应交通主管部门负责竣工验收工作。

公路工程符合竣工验收条件后，项目法人应按照项目管理权限及时向交通主管部门申请验收；交通主管部门应当自收到申请之日起 30d 内，对申请人递交的材料进行审查，对于不符合竣工验收条件的，应当及时退回并告知理由；对于符合验收条件的，应自收到申请文件之日起 3 个月内组织竣工验收。

公路工程进行竣工验收应具备的条件：

①通车试运营后。

②交工验收提出的工程质量缺陷等遗留问题已处理完毕，并经项目法人验收合格。

③工程决算已按交通运输部规定的办法编制完成，竣工决算已经审计，并经交通主管部门或其授权单位认定。

④竣工文件已按交通运输部规定的内容完成。

⑤对需进行档案、环保等单项验收的项目，已经有关部门验收合格。

⑥各参建单位已按交通运输部规定的内容完成各自的工作报告。

⑦质量监督机构已按交通运输部规定的公路工程质量鉴定办法，对工程质量检测鉴定合格，并形成工程质量鉴定报告。

公路工程进行竣工验收的组织：

由交通主管部门、公路管理机构、质量监督机构、造价管理机构等单位代表组成竣工验收委员会。大中型项目及技术复杂工程，应邀请有关专家参加验收。国防公路应邀请军队代表参加。

项目法人、设计单位、监理单位、施工单位、接管养护等单位也将参加竣工验收工作。

竣工验收的检验评分：

竣工验收委员会按照交通运输部规定的办法，对参建单位的工作进行综合评价。竣工验收工程质量评分采取加权平均法计算，其中交工验收工程质量得分权值为 0.2，质量监督机构工程质量鉴定得分权值为 0.6，竣工验收委员会对工程质量评定得分权值为 0.2。评定得分大于或等于 90 分且工程质量等级优良的为优良，大于或等于 75 分为合格，小于75 分为不合格。

负责组织竣工验收的交通主管部门，对通过验收的建设项目按交通运输部规定的要求签发"公路工程竣工验收鉴定书"。通过竣工验收的工程，由质量监督机构依据竣工验收结论，按照交通运输部规定的格式对各参建单位签发工作综合评价等级证书。

对于规模较小、等级较低的小型项目，可将交工验收和竣工验收合并进行。规模较小、等级较低的小型项目的具体标准，由省级人民政府交通主管部门结合本地区的具体情况制定。

（一）[案例1—1]道路工程质量问题案例

1.工程概况

某市政工程一合同，工程内容包括一座跨河桥和桥两端引路，路面长度1500m，路面宽度32m。

路面结构底基层石灰土分项工程开工前，已经对道路基础验收完毕。

2.施工监理

依据《建设工程监理规范》的规定"对未经监理人员验收或验收不合格的工序，严禁进行下道工序的施工"。因为道路基础已经验收完毕，故可以进行下道工序，即石灰土底基层分项工程的施工。施工单位向专业监理工程师提交了石灰土分项工程开工申请报告。

审批开工报告：

（1）审核施工技术方案，审查施工技术措施、工艺流程、安全措施等，与施工组织设计相一致。

（2）审查施工机械设备，审查施工设备的配套数量、产品合格证、检验合格证、安全使用证、人员设备管理制度、操作程序、人员培训证、上岗证等均齐全，特别对石灰土拌和设备查看使用性能。

（3）审查工程用土和生石灰粉原材料的进场日期、进场试验、核验报告，审核石灰土配合比、标准击实试验报告。

（4）见证取样和监理抽检。

石灰土底基层分项工程试验段和旁站监理：

（1）石灰土试验段100m，在试验段的施工中监理人员旁站监理。对现场石灰土取样化验有效钙镁含量、石灰剂量符合配合比要求，石灰土摊铺均匀、松铺厚度和摊铺宽度符合设计要求；碾压完成后，外观质量平整、横坡度、压实厚度符合要求，压实度检验合格。

（2）施工单位提出了石灰土100m试验段总结报告并报建设单位，专业监理工程师准许继续施工。

3.发现质量问题

已完成600m石灰土，其中100m未验收，拖延了验收时间，故养护土也暂时不能调进。于是进行洒水养护，由于洒水不到位，有干有湿，断断续续。此时来往施工人员和小设备的移动非常多，使石灰土面层出现多处松散现象。

（1）石灰土底基层质量问题调查。

监理人员发现了石灰土底基层的质量问题并进行了仔细的调查，用机械方法挖刨部分石灰土层，虽然经过45d的养护，但是没有形成强度，专业监理工程师及时向总监理工程师做了汇报。第二天，总监理工程师和试验工程师会同专业监理工程师到现场查看，试验工程师做了压实度试验合格，另外钻取试件作强度试验。

（2）初步分析。

总监理工程师根据以上情况，组织监理人员和施工人员参加分析会，此时还在施工。在研究中提出了以下造成质量问题的可能原因：一是养护问题，经过刨验，该问题被否定了；二是含灰量不足，可是从灰土颜色看，不像含灰量少，经过核查拌和记录，证明含灰量配比正确；三是回顾施工质量，认为施工工艺、施工程序都没有问题，而且压实度合格；四是生石灰质量有问题，查看见证取样的试验报告和监理抽检报告，都属合格生石灰粉，可是转天监理实验室通知专业监理工程师，钻取的石灰土试件（不泡水）抗压强度极低。

在此情况下，总监和参加讨论人员到拌和场检查，看到拌和机械还在生产（从监理人员发现问题到现在，施工现场又完成了100m石灰土路段）。这时，总监理工程师才下达口头暂停工令。

（3）明确质量问题性质。

监理人员看到拌和机旁堆放的生石灰粉，包装袋无商标、无厂家标记，是白袋子，经询问拌和机操作人员，承认使用这种生石灰粉，并告知存放在罩棚内。也就是先前说的两垛生石灰粉，其中一垛取样化验的是新进的生石灰粉，有商标、化验合格证；另一垛白袋生石灰粉没有取样化验。

总监理工程师责令监理员重新取样，送监理实验室。化验结果，有效钙镁含量极低，是不合格产品。造成石灰土质量问题的直接原因就是使用了不合格的生石灰粉。确定该段石灰土质量不合格，属质量事故。

4.石灰土质量事故的处理。

（1）要求施工单位尽快提交底基层石灰土质量事故的报告，说明发现质量事故的时间、地点、部位、范围、损失和造成事故的原因，整改处理措施，及今后不再发生类似问题的保证措施。

（2）监理向建设单位和质量监督部门报送工程质量事故和处理意见的书面报告，并向监理公司汇报。

（3）总监理工程师组织专业监理工程师、试验工程师、监理员，施工单位施工人员，约请质监站、建设单位代表和设计人员参加联合调查组，对石灰土底基层进行全面调查。经过钻样、刨验等试验对已完工的700m（含新完工的100m）全面调查后，其中覆土养护的400m为合格石灰土底基层，已覆土的100m为不合格，新做的100m也不合格，共有300m石灰土为质量不合格品。

（4）监理工程师的处理意见。

①底基层 300m 质量不合格的石灰土全部铲除重做，清除土不得再用作结构土，可作为其他填方工程或养护用土。

②重新调进土和生石灰粉，但是仍然做试验，进场材料报批程序照办，未经批准不得使用。

③该质量事故的经济损失和工期损失由施工单位自负。

④整改后条件具备，施工单位可提出申请，由总监理工程师批准复工。

⑤剩余不合格生石灰粉清除出场。

⑥重新调整进度计划，把损失的工期补上。

5. 责任分析

施工单位的责任：

施工单位使用了不合格的生石灰粉，造成路面底基层石灰土不合格的质量事故，主要责任在施工单位。虽然原材料（生石灰粉）已经过监理工程师批准使用，但是监理工程师批准的是有厂商标志的生石灰粉，而无任何标志的白袋生石灰粉是施工单位冒用，以劣充好造成质量事故。

监理工程师的责任：

根据《建设工程监理规范》的规定，专业监理工程师应对施工单位报送的进场工程材料等级及其质虽证明材料进行审核，并对进场的实物按照合同约定进行见证取样，并做平行抽检。可是专业监理工程师对进场材料（生石灰粉）没能认真按进场材料报告对照现场材料实物进行核实，所以没能查出不合格的生石灰粉，只对合格的生石灰粉进行取样。化验结果虽然合格，但只代表一个产品，对另一不合格产品漏检，专业监理工程师有失查的责任。

监理员的责任：

《建设工程监理规范》规定监理员的职责之一，是检查施工单位投入工程项目的人力、材料、设备及使用情况并做好记录。

（1）监理员没做好进场材料的记录，如果认真记录就会发现无厂商标记的白袋生石灰粉。

（2）监理员按专业监理工程师的指令马上取样是对的，但是取样的方法不对。只在一垛上任意抽取两袋作为见证取样和监理平行抽样的做法错误。按常规取样方法（或 JC/T620—1996）的规定，生石灰粉按同一产地、同一批进厂每100t为一验收批（生石灰粉不宜久存），每一验收批取样不少于3kg。取样方法：袋装生石灰粉应从每批材料中随机抽取10袋中等量样品，然后搅拌按四分法取试样各3kg，贮存于密封容器中，分别送到试验单位化验。监理员由于对现场材料没做好记录和对材料的取样方法错误造成不合格产品漏检的责任。

旁站不到位的责任：

在施工过程中，不仅对石灰土底基层进行旁站监理，还应该对石灰土拌和场进行旁站监理。应随时掌握拌和情况，检查材料和配比使用情况。由于没有人员在拌和场监理，所以不能发现拌和场以次充好的错误做法，使不合格的石灰土材料铺路，难以发现其质量问题。

总监理工程师的责任：

《建设工程监理规范》明确规定对施工中存在的重大质量隐患或者质量事故，总监理工程师应及时下达暂停工令。总监理工程师因为工作繁忙，未能及时到现场了解情况，未能及时提出暂停工的指令，施工还在继续。当下发口头暂停工令时，施工单位已经完成了100m石灰土路段。

（二）[案例1—2]道路路基工程土方坍塌事故案例

1.事故简介

××道路工程，在土方施工过程中，发生一起挡土墙基槽边坡土方坍塌事故，造成5人死亡，2人受伤。

2.事故发生经过

土建工程施工公司从一非法劳务市场私自招募民工进行清槽作业，分配其中8人在基槽南侧修整边坡，并准备砌筑挡土墙。基槽南侧边坡突然发生坍塌，将在此作业的7人埋在土下，在场的其他民工立即进行抢救工作。当救出2人时，土方再次坍塌，抢救工作受阻，在闻讯赶来的百余名公安干警的协助下，抢救工作结束，被埋的5人全部死亡。

3.事故原因分析

技术方面：

（1）在基槽施工前没有编制基槽支护方案。在施工过程中既未按照规定比例进行放坡，也未采取有效的基槽支护措施。在修理边坡过程中没有按照"自上而下"的顺序施工，而是在基础下部挖掏，是此次事故的技术原因之一。这些是导致此次事故的直接原因。

（2）未按规定对基槽沉降实施监测。在土方施工过程中，应在边坡上口确定观测点，对土方边坡的水平位移和垂直度进行定期观测。由于在施工中未对边坡进行观测，因此当土方发生位移时，不能及时掌握边坡变化，导致事故发生，是发生此次事故的技术原因之一，也是主要原因。

管理方面：

现场生产指挥和技术负责人不具备相应资格，违法组织施工。该工程现场负责人和技术负责人未取得相应执业资格证书，不具备土建施工专业技术资格，违法组织施工生产活动，违章指挥，导致此次事故发生，是发生此次事故的重要管理原因。

4.事故的结论与教训

（1）这是一起严重的安全生产责任事故，表面上看此次事故的直接原因是土方施工过程中没有根据基槽周边的土质制定施工技术方案、进行放坡或者采取有效的基槽支护措施。但实质上，无论是建设单位，还是施工企业或者是监理单位，任何一方如果能够严格履行管理职责，都可以避免此次事故的发生。

（2）建筑施工企业经营管理存在严重缺陷。《中华人民共和国建筑法》第二十六条明确规定：承包建筑工程的单位应当持有依法取得的资质证书，并在其资质等级许可的业务范围内承揽工程，禁止建筑施工企业以任何形式允许其他单位或者个人使用本企业的资质证书、营业执照，以本企业的名义承揽工程，该施工公司违反《中华人民共和国建筑法》的规定进行施工。

（3）建设单位未进行有效的监督。在组织施工生产的过程中，无论是土方施工工艺，还是劳动力安排，建设单位都未能按照有关规范进行有效监督。

（4）此次事故表明，在施工技术管理方面有明显漏洞。土方坍塌是一个渐变的过程，它是因土质密度较低，在受外力作用下产生切变线，土方发生位移导致坍塌。

因此，该工程现场负责人对此次事故负有直接责任，应当依法追究其刑事责任，建设单位和施工单位也应负行政管理责任。

5.事故的预防对策

（1）加强和规范建筑市场的招投标管理。建设工程的招投标应该严格依法进行，本着公开、公正、公平的原则，增加建设工程招投标过程的透明度，就可以减少其中的一些违法行为。

（2）依法建立健全企业生产经营管理制度，加强企业生产经营管理。通过完善建筑施工企业资质管理等手段，强化企业自我保护意识，维护企业利益，充分保护作业人员的身体健康和生命安全。

（3）加强土方施工的技术管理。土方工程应该根据工程特点，依照相关地质资料，经勘查和计算编制施工方案，制定土方边坡的支护措施并确定土方边坡的观测点，定期观测记录边坡稳定性和分析监测结果，及时预报、提出建议和措施。

6.工程建设各方的责任

（1）在此项工程招投标过程中，建设单位对施工单位的施工资质和相关手续没有逐项认真审查，在缺少施工企业法人委托书的情况下将工程发包，未对工程施工单位的执业资格进行严格审查。

（2）施工公司违反《中华人民共和国建筑法》的规定，允许非本单位职工以本单位名义承揽工程，对参与招投标的过程不闻不问；同时对其组织施工生产疏于管理，既没有在施工现场设立安全生产管理机构，也没有对承接的工程项目派出专职安全生产管理人员。

（3）由于该工程现场负责人未取得建筑施工执业资格证书，不具备建筑施工专业技术资格，在组织施工生产过程中严重违反了《中华人民共和国建筑法》和建筑施工技术要求。

（4）监理单位应当对施工单位的施工方案进行审查，并按照《建设工程监理规范》监督安全技术措施实施，发现生产安全事故隐患时果断行使监理职责，要求停工整改。在此次事故中，工程监理乏力，没有有效制止施工生产中的不规范、不安全的现象和行为。工程监理存在事实不作为。

第七章 公路工程施工成本管理

第一节 公路工程施工成本概述

一、施工项目成本及成本管理的概念

公路施工企业的基本活动是建造公路建筑产品，如公路、桥梁以及其他交通工程设施等。在建造公路建筑产品过程中会产生各种耗费，包括劳动对象的耗费、劳动手段的耗费以及劳动力的耗费等，这些耗费的货币表现称为生产费用。

施工成本，是指建设工程项目的施工过程中所发生的全部生产费用的总和。

施工项目成本，是施工企业的主要产品成本，亦称工程成本，一般以项目的单位工程作为成本核算对象，通过对各单位工程成本核算的综合来反映施工项目成本。

施工项目成本管理就是要在保证工期和质量满足要求的情况下，采取相应的管理措施，包括组织措施、经济措施、技术措施、合同措施，把成本控制在计划范围内，进一步寻求最大限度的成本节约。

公路项目施工成本，是指在施工现场发生的全部生产费用的总和（制造成本）。包括：所消耗的原材料、辅材、构配件等的费用；周转材料的摊销费或租赁费；施工机械的使用费或租赁费；支付给生产工人的工资、奖金、津贴；施工组织与管理过程中的全部费用支出等。

其研究对象是财务成本（即现金成本），是以货币或资金的形式来表现的。非财务成本则是一种不能通过资金形式直接表示的成本。非财务成本虽然耗费了资金，却不能马上表现出资金支出，但是以后也会通过其他途径最终表现在资金形态上，如精神成本、企业形象和企业信誉等。因此，施工成本管理既是对资金要素的管理，又是对各项施工要素管理的综合效果，与其他生产要素管理密不可分。

二、施工项目成本的分类

（一）按成本管理的要求分类

1. 预算成本

公路工程项目的产品具有多样性、固定性和生产周期长的特点，对工程项目的建设需要通过编制预算来确定产品价格。预算成本是根据施工图，按分部、分项工程的预算单价和取费标准计算的工程预算费用。工程预算成本加间接费、利润和税金，即为工程项目的预算造价。在招标投标时，预算造价是施工企业与发包单位签订承包合同和进行工程价款结算的主要指标。

预算成本是确定工程造价的基础，也是编制计划成本的依据和评价实际成本的依据。

2. 施工项目计划成本

施工项目计划成本，是指施工项目经理部根据计划期有关资料（如工程的具体条件和施工企业为实施该项目的各项技术组织措施），在实际成本发生前预先计算的成本，也就是施工企业考虑降低成本措施后的成本计划数。

计划成本反映了企业在计划期内应达到的成本水平，对于加强施工企业和项目经理部的经济核算，建立和健全施工项目成本管理责任制，控制施工过程中的生产费用，降低施工项目成本具有十分重要的作用，是施工项目成本分析和考核的重要依据之一。

3. 实际成本

实际成本是施工项目在报告期内实际发生的各项生产费用的总和，是反映施工企业施工管理水平和考核企业成本降低任务完成情况的重要依据。

实际成本与计划成本比较，可揭示成本的节约和超支情况，考核企业施工技术水平及技术组织措施的贯彻执行情况和企业的经营效果。实际成本与预算成本比较，可以反映工程盈亏情况。计划成本和实际成本都是反映施工企业成本水平的，它受企业本身的生产技术、施工条件及生产经济经营管理水平的制约。

（二）按计入成本的方法分类

按照《公路工程基本建设项目概算预算编制办法》（JTGB06—2007）的规定，公路施工项目成本可分为直接费、间接费和税金三大类。

1. 直接费

直接费，是指施工过程中直接耗费的构成工程实体和有助于工程形成的各项费用，包括人工费、材料费、施工机械使用费和其他工程费，是构成施工项目成本的主要部分，是成本管理的重点。

①人工费。人工费是指列入概、预算定额的直接从事建筑安装工程施工的生产工人开支的各项费用。

②材料费。材料费是指施工过程中耗用的构成工程实体的原材料、辅助材料、构（配）件、零件、半成品、成品的用量和周转材料的摊销量，按工程所在地的材料预算价格计算的费用。材料费在直接费中占有较大的比重。

③施工机械使用费。施工机械使用费是指列入概、预算定额的施工机械台班数量按相应台班费用定额计算的施工机械使用费和小型机具使用费。随着施工机械化程度的提高，该项费用占直接费的比重在逐步增加。

④其他工程费。其他工程费指直接工程费以外施工过程中发生的直接用于工程的费用。内容包括冬季施工增加费、雨季施工增加费、夜间施工增加费、特殊地区施工增加费、高原地区施工增加费、风沙地区施工增加费、沿海地区工程施工增加费、行车干扰工程施工增加费、安全及文明施工措施费、临时设施费、施工辅助费、工地转移费共十二项。通过合理的施工组织，尽量避开冬雨季施工，减少对施工的干扰因素，可以减少其他工程费的开支，降低工程成本。

2. 间接费

间接费由规费和企业管理费组成。

①规费。规费是指法律、法规、规章、规程规定施工企业必须缴纳的费用（简称规费），包括养老保险费、失业保险费、医疗保险费、住房公积金、工伤保险费。各项规费以各类工程的人工费之和为基数，按国家或工程所在地法律、法规、规章、规程规定的标准计算。

②企业管理费由基本费用、主副食运费补贴、职工探亲路费、职工取暖补贴和财务费用五项组成。

a. 基本费用。基本费用是指施工企业为组织施工生产和经营管理所需的费用，内容包括管理人员工资、办公费、差旅交通费、固定资产使用费、工具用具使用费、劳动保障费、工会经费、职工教育经费、保险费、工程保修费、工程排污费、税金、其他费用。

b. 主副食运费补贴。主副食运费补贴是指施工企业在远离城镇及乡村的野外施工购买生活必、需品所需增加的费用。

c. 职工探亲路费。职工探亲路费是指按照有关规定，施工企业职工在探亲期间往返车船费、市内交通费和途中住宿费等费用。

d. 职工取暖补贴。职工取暖补贴是指按规定发放给职工的冬季取暖费或在施工设置的临时取暖设施的费用。

e. 财务费用。财务费用是指施工企业为筹集资金而发生的各项费用，包括企业经营期间发生的短期贷款利息净支出、汇兑净损失、调剂外汇手续费、金融机构手续费以及企业筹集资金发生的其他财务费用。

3. 税金

税金指按国家规定应计入工程造价内的营业税、城市建设维护税及教育费附加。它有一个固定的数额标准。

按上述分类方法，能正确反映施工项目成本的构成，考核各项生产费用的使用是否合理，便于找出降低成本的途径。

三、施工项目成本管理的环节

项目施工成本是一项综合指标，其管理贯穿施工生产经营活动的全过程，涉及物资消耗劳动效率、技术水平、施工管理等方面，内容十分广泛。施工项目经理部在项目施工过程中，对所发生的各种成本信息，通过有组织、有系统地进行预测、计划、控制、核算和分析等一系列工作，促使施工项目正常运行，使施工项目的实际成本能控制在预定的计划成本范围内。成本管理的好坏直接影响企业所创造利润的多少，影响企业的经济效益。

从成本管理的角度来看，施工项目成本管理的主要环节包括：施工项目成本预测、施工项目成本计划、施工项目成本控制、施工项目成本核算、施工项目成本分析、施工项目成本考核。

1. 施工项目成本预测

施工项目成本预测是采用科学的预测方法，根据掌握的各类信息资料，对未来生产经营活动进行定性研究和定量分析，从而预测未来的成本水平及其变动趋势。通过成本预测，可以使项目经理部在满足业主和企业要求的前提下，选择成本低、效益好的最佳成本方案并能够在施工项目成本形成过程中，针对薄弱环节，加强成本控制，克服盲目性，提高预见性。因此，施工项目成本预测是施工项目成本决策与计划的依据。

2. 施工项目成本计划

施工项目成本计划，是项目经理部对项目施工成本进行计划管理的工具。它是以货币形式编制施工项目在计划期内的生产费用、成本水平、成本降低率以及为降低成本所采取的主要措施和规划的书面方案。它是该施工项目降低成本的指导性文件，是建立施工项目成本管理责任制、开展成本控制和核算的基础，也是设立目标成本的依据。施工企业应当在认真总结上期成本计划完成情况的基础上，根据企业计划期内计划完成的施工生产任务和相应的技术组织措施施工组织设计以及成本预测等资料，制定既切实可行又具有先进性的成本计划。

制定成本计划，既要以有关的计划为依据，又要与有关计划特别是与利润计划相衔接。成本计划的实现，对于实现企业提高经济效益的要求具有重要意义。因此，成本计划提出的降低成本的目标，对于动员企业广大职工挖掘潜力、控制消耗、降低成本具有指导作用。

3. 施工项目成本控制

施工项目成本控制是按照成本计划制定的成本水平和降低成本目标、对成本形成过程的生产耗费进行严格的计算、调节和监督，及时发现与预定的成本目标之间的差异，并采取措施解决存在的问题，使工程的实际成本控制在预定的目标范围内，促使成本降低的管理活动。通过成本控制，最终达到实现甚至超过预期的成本目标的目的。

施工项目成本控制应贯穿在施工项目从招投标阶段开始直到项目竣工验收的全过程，是企业全面成本管理的重要环节。由于成本费用涉及企业生产经营活动的各个方面和各个环节，因此，必须实施全面的成本控制。所谓全面的成本控制，是指在生产经营全过程中实施成本控制，对全部生产耗费实施成本控制和全体职工都参与成本控制。实施成本控制，还必须采取一定的组织形式，建立有效的成本责任制，即将构成成本的生产耗费，按生产耗费发生的范围进行分解，具体落实到有关职责部门或个人。实行责任成本，采取责权利相结合，成本控制与业绩考核相结合的办法，促进成本得到控制，实现降低成本、提高经济效益的目标。

4. 施工项目成本核算

成本核算是对企业工程施工所发生的生产费用进行事后核算，以确定产品实际制造成本和归集期间费用，及时反映成本目标和成本计划的完成情况。在进行工程成本核算时，首先，应对发生的费用进行审核，确认其是否属于生产耗费，能否计入工程成本，应计入哪类产品成本，等等。其次，要将确认的生产费用按用途进行归集、分配，按既定的成本核算对象分别计算其制造成本，确定最终产品的成本。

施工项目成本核算所提供的各种成本信息，是成本预测、成本计划、成本控制、成本分析和成本考核等环节的依据。因此，加强施工项目成本核算工作，对降低施工项目成本、提高企业的经济效益有积极的作用。

5. 施工项目成本分析

施工项目成本分析是指在成本形成过程中，对施工项目成本进行的对比评价和剖析总结工作。也就是说，施工项目成本分析主要利用施工项目的成本核算资料（成本信息），与目标成本（计划成本）、预算成本以及类似的施工项目的实际成本等进行比较，了解成本的变动情况，同时也要分析主要技术经济指标对成本的影响，系统地研究成本变动的因素，检查成本计划的合理性；通过成本分析，揭示成本变动规律，寻找降低施工项目成本的途径。它贯穿施工项目成本管理的全过程。

6. 施工项目成本考核

所谓施工项目成本考核，就是施工项目完成后，对施工项目成本形成中的各责任者，按施工项目目标责任制的有关规定，将成本的实际指标与计划、定额、预算进行对比和考核，评定施工项目成本计划的完成情况和各责任者的业绩并以此给予相应的奖励和处罚。通过成本考核，做到有奖有惩，赏罚分明，才能有效地调动企业的每一名职工在各自的施工岗位上努力完成目标成本的积极性，为降低施工项目成本和增加企业积累贡献自己的理论。

综上所述，施工项目成本管理系统中每一个环节都是相互联系和相互作用的。成本预测是成本计划的前提，成本计划是成本目标的具体化。成本控制则是对成本计划实施进行监督的手段，保证成本目标实现，而成本核算又是对成本计划是否实现的最后检验，它所提供的成本信息又为下一个施工项目成本预测和决策提供基础资料。成本考核是实现成本目标责任制的保证和实现决策目标的重要手段。

四、施工项目成本管理的基本原则

施工项目成本管理是企业成本管理的基础和核心，在对项目施工过程进行成本管理时，必须遵循以下基本原则：

1. 成本管理科学化原则

成本管理是企业管理学中的一个重要内容，企业管理要实行科学化，必须把有关自然科学和社会科学中的理论、技术和方法运用于成本管理。例如，在施工项目成本管理中，可以运用预测与决策方法、目标管理方法、量本利分析方法和价值工程方法等。

2. 成本管理最低化原则

施工项目成本管理的根本目的，是通过运用成本管理的各种手段，不断降低施工项目的成本，达到可能实现最低的目标成本的要求。但是，在实行成本最低化原则时应注意研究降低成本的可能性和成本最低的合理性，一方面挖掘各种降低成本的潜力，使可能性变为现实；另一方面要从实际出发，制定通过主观努力可能达到合理的最低成本水平并据此进行分析、考核和评比。

3. 成本管理责任制原则

为了实行全面成本管理，施工管理人员应对企业下达的指标负责，班组和个人对施工管理人员的成本目标负责，以做到层层分解，以分级、分工、分人的成本责任制作为保证，定期考核评定。成本责任制的关键是分清责任，并与奖惩制度挂钩，使各部门、各班组和每个人都关心施工项目成本。

4. 成本管理有效化原则

所谓成本管理有效化，主要有两层含义：一是以最少的人力和财力，完成较多的管理工作，提高工作效率；二是促使施工管理人员以最少的投入，获得最大的产出。提高成本管理有效性：一是采用行政方法，通过行政隶属关系，下达指标，制定实施措施，定期检查监督；二是采用经济方法，利用经济杠杆、经济手段实行管理；三是用法制方法，根据国家的政策方针和规定，制定具体的规章制度，使人照章办事，用法律手段进行成本管理。

5. 成本管理全面性原则

全面成本管理是全企业、全人员和全过程的管理，亦称"三全"管理。长期以来，在施工项目成本管理中，存在"三重三轻"问题，即重实际成本的核算和分析，轻全过程的成本管理和对其影响因素的控制；重施工成本的计算分析，轻采购成本、工艺成本和质量成本；重财会人员的管理，轻群众性的日常管理。为了不断降低施工项目成本，达到成本最低化目的，必须实行全面成本管理。

五、施工项目成本管理的措施

为取得施工成本管理的理想成效，应当从多方面采取措施实施管理，通常可以将这些措施归纳为组织措施、技术措施、经济措施和合同措施。

1. 组织措施

组织措施是从施工成本管理的组织方面采取的措施。施工成本控制是全员的活动，如实行项目经理责任制，落实施工成本管理的组织机构和人员，明确各级施工成本管理人员的任务和职能分工、权力和责任。施工成本管理不仅仅是专业成本管理人员的工作，各级项目管理人员都负有成本控制责任。

组织措施是编制施工成本控制工作计划、确定合理详细的工作流程。要做好施工采购计划，通过生产要素的优化配置、合理使用、动态管理，有效控制实际成本；加强施工定额管理和施工任务单管理，控制活劳动和物化劳动的消耗；加强施工调度，避免因施工计划不周和盲目调度造成窝工损失、机械利用率降低、物料积压等。成本控制工作只有建立在科学管理的基础上，具备合理的管理体制、完善的规章制度、稳定的作业秩序、实现完整准确的信息传递，才能取得成效。组织措施是其他各类措施的前提和保障，而且一般不需要增加额外的费用，运用得当即可取得良好的效果。

2. 技术措施

施工过程中降低成本的技术措施包括：进行技术经济分析，确定最佳的施工方案；结合施工方法，进行材料使用的比选；在满足功能要求的前提下，通过代用、改变配合比、使用外加剂等方法降低材料消耗的费用；确定最合适的施工机械、设备使用方案；结合项目的施工组织设计及自然地理条件，降低材料的库存成本和运输成本；应用先进的施工、技术，运用新材料，使用先进的机械设备，等等。在实践中，要避免仅从技术角度选定方案而忽视对其经济效果的分析论证。

3. 经济措施

经济措施是最易被人接受和采用的措施。管理人员应编制资金使用计划，确定、分解施工成本管理目标。对施工成本管理目标进行风险分析并制定防范性对策。对各种支出，应认真做好资金的使用计划并在施工中严格控制各项开支。及时准确地记录、收集、整理、核算实际降低支出的费用。对各种变更，应及时做好增减账、落实业主签证并结算工程款。通过偏差分析和未完工程预测，可发现一些潜在的、可能引起未完工程施工成本增加的问题，对这些问题应以主动控制为出发点，及时采取预防措施。因此，经济措施的运用不仅仅是财务人员的事情。

4. 合同措施

采用合同措施控制施工成本，应贯穿整个合同周期，包括从合同谈判开始到合同终结的全过程。对于分包项目，首先是选用合适的合同结构，对各种合同结构模式进行分析、比较，在合同谈判时，要争取选用适合工程规模、性质和特点的合同结构模式。其次是在合同的条款中应仔细考虑一切影响成本和效益的因素，特别是潜在的风险因素。通过对引起成本变动的风险因素的识别和分析，采取必要的风险对策，如通过合理的方式增加承担风险的个体数量以降低损失的比例，并最终将这些策略体现在合同的具体条款中。

第二节　公路工程施工成本计划与控制

一、施工项目成本计划

在施工企业的综合经营计划中，不仅要有工作量完成计划、机械使用计划和劳动力调配计划等，而且要有成本计划、利润计划。施工企业的施工项目成本计划是在成本预测的基础上进行的，是施工企业为确定计划年度降低成本水平和成本目标而变质的指导性计划，是计划年度施工企业各项降低成本措施及其经济效益的综合反映。

编制施工成本计划，需要广泛收集相关资料并进行整理，以这些资料作为施工成本计划编制的依据。在此基础上，根据有关技术文件、工程承包合同、施工组织设计、施工成本预测资料等，按照施工项目应投入的生产要素，结合各种因素变化的预测和拟采取的各种措施，估算施工项目生产费用支出的总水平，提出施工项目成本计划控制指标，确定目标总成本。目标总成本确定后，应将总目标分解落实到各级部门，以便有效地进行控制。最后，通过综合平衡，编制完成施工成本计划。编制施工项目成本计划，必须指标先进、切实可行、有科学论证、能具体落实。

施工成本计划的编制依据包括以下 12 个方面。

（1）投标报价文件。

（2）企业定额、施工预算。

（3）施工组织设计或施工方案。

（4）人工、材料、机械台板的市场价格。

（5）企业颁布的材料指导价、企业内部机械台班价格、劳动力内部挂牌价格。

（6）周转设备内部租赁价格摊销损耗标准。

（7）已签订的工程合同、分包合同（或估价书）。

（8）结构件外加工计划和合同。

（9）有关财务成本核算制度和财务历史资料。

（10）施工成本预测资料。

（11）拟采取的降低施工成本的措施。

（12）其他相关资料。

（一）施工项目成本计划表

成本计划就是费用开支计划。计划成本（目标成本）是费用开支的最高限额。成本计划要有效地控制工程成本，就必须充分重视成本计划的编制。

材料成本计划表按照投标报价计算的单位估价表中的材料用量汇总统计。材料细目的粗细程度可根据实际需要列出。

（二）施工项目成本计划的编制程序

1. 成本计划的编制过程

成本计划的编制过程是充分利用各种资料对规划计划年度降低成本水平和成本目标进行决策分析的过程。资料是编制成本计划的基础和主要信息来源。编制成本计划所必需的基础资料有以下方面：

（1）国家和上级主管部门下达的降低成本计划指标及其相关指标。

（2）施工单位年度与制定成本计划有关的各项经营管理计划，主要包括施工生产计划、劳动工资计划、物资供应计划、技术组织措施方案、年度报表和成本报表等以及施工图预算、施工预算和施工组织计划等资料。

（3）材料、公式、施工机械台班消耗等市场信息的各项技术经济定额和费用开支标准。

（4）施工单位之前年度有关施工项目的成本计划、实际资料和分析资料。

（5）其他有关资料。

收集上述资料后，要进行初步整理与分析，检查资料的真实性、完整性、代表性，剔除虚假因素并排除偶发因素干扰，认真比对，分析历史成本资料之间的差异，从中找出成本变化的一般规律。

2. 确定计划成本目标

财务部门掌握了丰富的资料后，应对其加以整理分析，特别是在对计划期成本计划完成情况进行分析的基础上，根据有关设计、施工等计划，按照工程项目应投入的物质、材料、劳动力、机械及各种设施等，结合计划期内各种因素的变化和准备采取的各种层产节约措施，进行反复测算、修订、平衡、估算生产费用支出的总水平，提出全项目的成本计划控制指标，以确定目标成本。然后，把目标成本以及总的目标分解落实到各个部门、各个班组。

3. 编制成本计划草案

对于大中型工程项目，项目管理人员批准下达成本计划指标后，各职能部门应充分发动群众进行认真的讨论，在总结上期成本计划完成情况的基础上，结合本期计划指标，找出完成本期计划的有利因素和不利因素，提出挖掘潜力、克服不利因素的具体措施，以保证计划任务的完成。为了使指标真正落实，各部门应尽可能将指标分解落实下达到各班、各组及个人，使目标成本的降低额和降低率得到充分讨论、反馈、再修订，使成本计划既能够切合实际，又成为群众共同奋斗的目标。

各职能部门亦应认真讨论项目管理人员下达的费用控制指标，拟订具体实施的技术经济措施方案，编制各部门的费用预算。

4.综合平衡，编制正式的成本计划

在各职能部门上报部门成本计划和费用预算后，项目管理人员首先应结合各项技术经济措施，检查各计划和费用预算是否合理可行并进行综合平衡，使各部门计划和费用预算之间互相协调、衔接；其次要从全局出发，在保证企业下达的成本降低任务或本项目目标成本实现的情况下，以生产计划为中心，分析研究成本计划与生产计划、劳动工时计划、材料成本与物资供应计划、工资成本与工资基金计划、资金计划等相互之间的协调平衡。经反复讨论、多次综合平衡，最后确定的成本计划指标，即可作为编制正式成本计划的依据。正式编制的成本计划，上报企业有关部门后即可正式下达至各职能部门执行。

（三）施工项目成本计划的编制方法

在项目经理的主要负责下编制工程项目成本计划，编制工程项目成本计划的核心是确定目标成本，这也是成本管理所要达到的目的。施工项目成本计划的编制方法主要有以下几种：

1.按施工成本构成编制施工成本计划

按照成本构成要素进行划分，施工成本可以分解为人工费、材料费、施工机具使用费、措施项目费和企业管理费等，编制按施工成本组成、分解的施工成本计划。

2.按施工项目组成编制施工成本计划

大中型工程项目通常是由若干个单项工程构成的，而每个单项工程包括了多个单位工程，每个单位工程又由若干个分部分项工程所构成。因此，首先要把项目总施工成本分解到单项工程和单位工程中，再进一步分解到分部工程和分项工程中。

在完成施工项目成本目标分解后，接下来要具体地分配成本，编制分项工程的成本支出计划，形成详细的成本计划表。

在编制成本支出计划时，要在项目总的方面考虑总的预备费，也要在主要的分项工程中安排适当的不可预见费，避免在具体编制成本计划时，可能发现个别单位工程或工程量表中某项内容的工程量计算有较大出入，让原来的成本预算失实。因而，应在项目实施过程中要对其尽可能地采取一些措施。

3.按施工进度编制施工成本计划

按照施工进度编制施工成本计划，通常可以利用网络图进一步扩充得到。即在建立网络图时，一方面确定完成各项工作所需花费的时尚，另一方面确定完成这一工作合适的施工成本支出计划。

通过对施工成本按时间进行分解，在网络计划的基础上，可获得项目进度计划的横道图，在此基础上编制成本计划。

二、施工项目成本控制

所谓成本控制，是指在施工过程中，对生产经营所消耗的人力资源、物质资源和费用开支进行指导、监督、检查和调整，及时纠正将要发生和已经发生的偏差，把各项生产费用控制在计划成本的范围内，以实现降低成本的目标。施工项目成本控制具有三个含义：一是对目标成本本身的控制；二是对目标成本形成过程的控制和监督；三是在过程控制的基础上着眼未来，为降低成本指明方向。

（一）施工项目成本控制的依据

1. 工程承包合同

施工项目成本控制要以工程承包合同为依据，以降低工程成本为目标，从预算收入和实际成本两方面，研究节约成本、增加效益的有效途径，以获得最大的经济效益。

2. 施工成本计划—

施工成本计划是根据施工项目具体情况制定的成本控制方案，包括了预定的具体成本控制目标和实现控制目标的措施与规划，是施工项目成本控制的指导性文件。

3. 进度报告

进度报告提供了对应时间节点的实际工程完成量，工程施工成本实际支付情况等重要信息。通过把实际情况与施工成本计划进行比较，找出二者之间的差别，分析产生偏差的原因，采取改进措施以进行施工项目成本的控制。

4. 工程变更

在项目实施的过程中，由于各种原因，施工变更很难避免。一旦变更出现，工程量、工期、成本都有可能发生变化。因此，需要对变更要求的各类数据进行计算、分析，及时掌握变更情况，判断变更以及变更可能带来的索赔额度等。

除了上述几种施工成本控制工作的主要依据外，施工组织设计、分包合同等有关文件资料也都是施工项目成本控制的依据。

（二）施工项目成本控制的对象与内容

1. 以施工项目成本形成的过程作为控制对象

（1）在工程投标阶段，应根据工程概况和招标文件，进行项目成本的预测，提出投标决策意见。

（2）施工准备阶段，应结合设计图纸的相关资料，编制施工组织设计，通过多方案的技术经济比较，从中选择经济合理、先进可行的施工方案，编制具体的成本计划，对项目成本进行事前控制。

（3）施工阶段，以施工图预算、施工预算、劳动定额、材料消耗定额和费用开支标准等，对实际发生的成本费用进行控制。

（4）竣工交付使用及保修期阶段，应对竣工验收过程发生的费用和保修费用进行控制。

2. 以施工项目的职能部门、施工队和生产班组作为成本控制的对象

成本控制的具体内容是各个部门和生产班组日常发生的各种费用和损失。各职能部门、施工队和班组应对自己承担的责任成本进行自主控制，同时接受项目经理和企业有关部门的指导、监督、检查和考评。

3. 以分部、分项工程作为项目成本的控制对象

为把成本控制工作做得扎实、细致落到实处，还应对分部、分项工程进行项目成本的控制。在正常情况下，应根据分部、分项工程的实物工程量，参照施工预算定额及相关成本计划，编制包括工、料、机消耗数量、单价、金额的施工预算，作为对分部分项工程成本进行控制的依据。

4. 以对外经济合作作为成本控制目标

施工项目的对外经济业务，以经济合同为纽带建立关系，明确双方的权利和义务。在签订经济合同时，除了要根据业务要求规定时间、质量、结算方式和履（违）约奖罚等条款外，还必须强调将合同的数量、单价、金额控制在预算范围内。

（三）施工项目成本控制方法

施工阶段是控制工程项目成本发生的主要阶段，该阶段通过成本目标按计划成本进行施工，资源合理配置，对施工现场发生的各项成本费用进行有效控制，其具体的控制方法如下：

1. 人工费的控制

人工费的控制实行"量价分离"的方法，将作业用工及零星用工按定额工日的一定比例综合确定用工数量与单价，通过劳务合同进行控制。

人工费的影响因素有社会平均工资水平，生产消费指数，劳动力市场供需变化，政府推行的社会保障和福利政策，经会审的施工图、施工定额、施工组织设计等决定人工的消耗量。其中，生产消费指数的提高会导致人工单价的提高，政府推行的社会保障和福利政策也会影响人工单价的变动。

加强劳动定额管理，提高劳动生产率，降低工程耗用人工工日，是控制人工费支出的主要方法。

（1）制定先进合理的企业内部劳动定额，严格执行劳动定额，并将安全生产、文明施工及零星用工下达到作业队进行控制。全面推行全额计件的劳动管理办法和单项工程集体承包的经济管理办法，以不超出施工图预算人工费指标为控制目标，实行工资包干制度。

（2）提高生产工人的技术水平和作业队的组织管理水平，根据施工进度、技术要求，合理搭配各工种工人的数量，减少和避免无效劳动。不断地改善劳动组织，创造良好的工

作环境，改善工人的劳动条件，提高劳动效率。

（3）加强职工的技术培训和多种施工作业技能的培训，不断提高职工的业务技术水平和熟练操作程度，培养一专多能的技术工人，提高作业工效。

（4）实行弹性需求的劳务管理制度。对施工生产各环节上的业务骨干和基本的施工力量，要保持相对稳定。对短期需要的施工力量，要做好预测、计划管理，通过企业内部的劳务市场及外部协作队伍进行调剂。

2.材料费的控制

材料费的控制同样按照"量价分离"的原则，在保证符合设计要求和质量标准的前提下，有效控制材料用量和材料价格，减少材料物资消耗。

材料用量的控制：

（1）定额控制。对于消耗定额的材料，以消耗定额为依据，实行限额领料制度，在规定限额内，分期、分批领用，超过限额须查明原因，经过审批后方可领料。

（2）指标控制。对于没有消耗定额的材料实行计划管理和按指标控制的方法。根据以往经验，结合实际情况，制定领用材料指标，以控制发料。超过指标的材料须经过审批后方可领用。

（3）计量控制。准确做好材料物资的收发计量检查和投料计量检查。

（4）包干控制。在材料使用过程中，对部分小型及零星材料，根据工程量计算所需材料量，将其折算成费用，由作业者包干使用。

材料价格的控制。材料价格主要由材料采购部门控制。材料价格由买价、运杂费、运输中的合理损耗等组成。主要通过掌控市场信息，应用招标和询价等方式控制材料、设备的采购价格。

3.施工机械使用费的控制

合理选择，使用施工机械设备对成本控制有着十分重要的意义。由于不同机械设备有着不同的特点，因此在选择机械设备时，首先根据工程特点和施工条件确定采取的机械设备类型与组合方式。在确定采用何种组合方式时，首先应该满足施工需要，其次要考虑到费用的高低和综合经济效益。

施工机械使用费主要由台班数量和台班单价两方面决定，因此为有效控制施工机械施工费支出，应主要从这两方面进行控制：

台班数量：

（1）根据施工方案和现场实际情况，选择适合项目施工特点的施工机械，制定设备需求计划，合理安排施工生产，充分利用现有机械设备，加强内部调配，提高机械设备的利用率。

（2）保证施工机械设备的作业时间，安排好生产工序的衔接，尽量避免停工、窝工，尽量减少施工中消耗的机械台班数量。

（3）核定设备台班定额产量，实行超产奖励办法，加快施工生产进度，提高机械设备单位时间的生产效率和利用率。

（4）加强设备租赁计划管理，减少不必要的设备闲置和浪费，充分利用社会闲置机械资源。

台班单价：

（1）加强现场设备的维修、保养工作。降低大修、经常性修理等各项费用的开支、提高机械设备的完好率，最大限度地提高机械设备的利用率，避免因使用不当造成机械设备的停置。

（2）加强机械操作人员的培训工作。不断提高操作人员操作技能，提高施工机械台班的生产效率。

（3）加强配件的管理。建立健全配件领发料制度，严格按照油料消耗定额控制油料消耗，做到修理有记录、消耗有定额、统计有报表、损耗有分析。通过经常分析总结提高修理质量、降低配件消耗、减少修理费用的支出。

（4）降低材料成本。做好施工机械配件和工程材料采购计划，降低材料成本。

（5）成立设备管理领导小组，负责设备调度、检查、维修、评估等具体事宜。对主要部件及其保养情况建立档案，分清责任，便于尽早发现问题，找到解决问题的办法。

第三节　施工项目成本核算、分析与考核

一、施工项目成本核算

施工项目成本核算，是把一定时期内企业施工过程中所发生的费用，按照其性质分类归集、汇总、核算，计算出该时期生产经营费用发生总额，并分别计算出各种产品的实际成本和单位成本的管理活动。施工项目成本核算所提供的各种成本信息是成本预测、成本计划、成本控制、成本分析和成本考核等成本管理各环节的依据。

施工项目成本核算是施工项目成本管理中最基本的职能，离开了成本核算，就谈不上成本管理，也就谈不上其他职能的发挥。施工项目成本核算在施工项目成本管理中的这种重要地位体现在两个方面：首先，它是施工项目进行成本预测、制定成本计划和实行成本控制所需信息的重要来源；其次，它是施工项目进行成本分析和成本考核的基本依据。

工程项目成本核算包括两个环节：一是按照规定的成本开支范围对施工费用进行归集和分配，计算出施工费用的实际发生额；二是根据成本核算对象，采用适当的方法，计算出该施工项目的总成本和单位成本。

1.施工项目成本核算对象

工程项目成本核算对象是指在计算工程成本中，确定、归集和分配生产费用的具体对象，即生产费用承担的客体。合理划分施工项目成本核算对象是设立工程成本明细分类账

户、归集和分配生产费用以及正确计算工程成本的前提条件。

确定施工成本核算对象的原则，应以每一独立施工图预算所列的单位工程为依据，并结合施工现场条件和施工管理要求，因地制宜地确定成本核算对象。在实际成本核算中，施工项目成本核算对象的确定，一般有以下几种方法。

（1）一般应以每一独立编制施工图预算的单位工程为成本核算对象。

（2）一个单位工程由几个施工单位分包施工时，各施工单位都应以同一单位工程为成本核算对象，各自核算其自行施工的部分。

（3）对于规模较大、工期较长或者采用新技术、新工艺、新材料、新结构的单位工程，可将工程划分为若干分项工程，一分项工程作为成本核算对象。

（4）同一施工项目、同一施工地点、同一结构类型，开、竣工时间接近的若干个单位工程，合并作为一个成本核算对象。

（5）改建、扩建的零星工程，可以将开、竣工时间接近、属于同一施工项目的几个单位工程合并为一个成本核算对象。

（6）土石方工程、打桩工程，可以根据实际情况和管理需要，以一个单位工程作为成本核算对象，或将同一施工地点的若干个工程量较小的单位工程合并作为一个成本核算对象。

公路工程的成本核算，原则上是按月进行，由于条件限制，也可按季度进行核算。工程竣工决算后，应结算全部工程成本。其实际成本的核算范围、项目设置和计算口径，应与国家有关财务制度施工图预算、施工预算或成本计划取得一致，投标承包和投标包干的工程，应与中标价或合同价编制的施工预算取得一致。

成本核算对象确定以后，在成本核算过程中不能随意变更。所有原始记录都必须按照确定的成本核算对象填写清楚，以便归集和分配施工生产费用。为了集中反映和计算各个成本核算对象本期应负担的施工费用，财会部门应为每一成本核算对象设置工程成本明细账目并按照成本项目分设专栏来组织成本核算。

2. 施工项目成本核算的内容及工作流程

项目经理部在承建工程项目并收到设计图纸以后，一方面要进行现场"三通一平"等施工前期准备工作；另一方面要组织力量分头编制施工图预算、施工组织设计、降低成本计划和控制措施。工程施工过程中的各项施工费用，应按照确定的成本核算对象和成本项目进行归集，能直接计入有关核算对象的直接计入；不能直接计入的按照一定的分配方法，分配计入各成本核算对象的成本，计算出各施工项目的实际成本，最后将实际成本与预算成本、计划成本进行对比考核。

对比考核的内容，包括项目总成本和各个成本项目的相互对比，用以观察分析成本升降情况，同时作为考核的依据。比较的方法有两种：

（1）通过实际成本与预算成本的对比，考核工程项目成本的降低水平。

（2）通过实际成本与计划成本的对比，考核工程项目成本的管理水平。

3. 施工项目成本核算方法

施工项目成本核算方法常用的有三种，见表7—1。

表7—1 施工项目成本核算的方法

项目	方法
会计核算	以会计方法为主要手段通过设置账户。复式记账、填制和审核凭证、登记账簿、成本计算、财产清查和编制会计报表等一系列有组织、有系统的方法，来记录企业的一切生产经营活动。然后据以提出用货币来反映的有关各种综合性经济指标的一些数据、资产、负债、所有者权益、营业收入、成本、利润等会计六要素指标，主要是通过会计来核算
业务核算	是各业务部门根据业务工作的需要而建立的核算制度，它包括原始记录和计算登记表，如单位工程及分部分项工程进度登记、质量登记、功效及定额计算登记、物资消耗定额记录、测试记录等
统计核算	是利用会计核算资料和业务核算资料，把企业生产经营活动客观现状的大量数据，按统计方法加以系统整理，表明其规律性

二、施工项目成本分析

施工项目成本分析，是在成本形成过程中，对施工项目成本进行的对比评价和总结工作。施工项目成本分析是施工项目成本管理的重要组成部分。通过施工项目的成本分析，一方面可以确定实际成本达到水平，查明影响成本升降的因素，解释节约或浪费的原因，寻找进一步降低成本的方法和途径；另一方面可以从账簿、报表反映的成本现象看清成本的实质，增强项目成本的透明度和可控性，为加强成本控制，实现项目成本创造条件。

1. 施工项目成本分析内容

从总体上讲，施工项目成本分析内容包括以下三个方面，见表7—2。

表7—2 施工项目成本分析内容

分类	内容
按项目施工进展进行的成本分析	分部分项工程成本分析
	月（季）度成衣分析
	年度成本分析
	竣工成本分析
按成本项目进行的成本分析	人工费分析
	材料费分析
	机械使用费分析
	其他工程费分析
	间接成本分析
针对特定问题和与成本有关事项的分析	施工索赔分析
	成本盈亏异常分析
	工期成本分析
	资金成本分析
	技术组织措施节约效果分析
	其他有利因素和不利因素对成本影响的分析

2.施工项目成本分析方法

施工项目成本分析方法包括比较法、因素分析法、差额计算法、比率法等。比较法又称"指标对比分析法"，是指对比技术经济指标，检查目标的完成情况，分析产生差异的原因，挖掘降低成本的方法。这种方法，具有通俗易懂、简单易行、便于掌握的特点，因而得到了广泛的应用，但在应用时必须注意各技术经济指标的可比性。比较法的应用主要有以下三种：

（1）实际指标与目标指标对比。以此检查目标完成情况，分析影响目标完成的积极因素和消极因素，以便及时采取措施，保证成本目标的实现。在进行实际指标与目标指标对比时，还应注意目标本身有无问题，如果目标本身出现问题，则应调整目标，重新评价工作。

（2）本期实际指标与上期实际指标对比。通过本期实际指标与上期实际指标对比，可以看出各项技术经济指标的变动情况，反映施工管理水平的提高程度。

（3）与本行业平均水平、先进水平对比。通过这种对比，可以反映出本项目的技术和经济管理水平与行业的平均及先进水平的差距，采取措施提高项目管理水平。

三、施工项目成本考核

施工项目成本考核，是贯彻项目成本责任制的重要手段，也是项目管理激励机制的体现。施工成本考核的目的是通过衡量项目成本降低的实际成果，对成本指标完成情况进行总结和评价。

项目成本考核的内容应包括责任成本完成情况考核和成本管理工作业绩考核。施工成本考核的做法是分层进行，企业对项目经理部进行成本管理考核，项目经理部对项目内部各岗位及各作业层进行成本管理考核。因此，企业和项目经理部都应建立健全项目成本考核的组织，公平、公正、真实、准确地评价项目经理部及管理人员的工作业绩和问题。

项目成本考核应按照下列要求进行：企业对施工项目经理部进行考核时，应以确定的责任目标成本为依据。项目经理部应以控制过程的考核为重点，控制过程的考核应与竣工考核相结合。各级成本考核应与进度、质量、成本等指标完成情况相联系。项目成本考核的结果应形成文件，为奖罚责任人提供依据。

（一）[案例 7—1] 公路项目施工索赔管理案例

1.背景

某道路工程施工采用了包工包地方材料的合同。在一个关键工作面上又因为几种原因造成临时停工。6月20日至26日，承包人的施工设备出现了从未发生过的故障，应于24日交给承包人的后继图纸直到7月10日才交给承包人；7月7日到12日施工现场发生了该季节罕见的特大暴风，造成了7月11日到14日该地区的供电全面中断。

2. 问题

①由于几种情况的暂时停工，承包人在 7 月 15 日向监理工程师提交延长工期 25d，成本损失费人民币 2 万元 /d（此费率已经监理工程师核准）和利润损失费人民币 2000 元 /d 的索赔要求，共计索赔款 55 万元。承包商的这些要求能否得到支持？

②若承包人对因业主原因造成窝工损失进行索赔时，要求设备窝工损失按台班计算，人工的窝工损失按工日计价该要求是否合理？应如何处理？

3. 案例分析

（1）可以批准的工期索赔 18d，费用索赔额为 24 万元人民币，原因如下。

① 6 月 20 日至 26 日承包人的施工设备出现了从未发生过的故障，属于承包人应承担的风险，不应考虑承包人的费用索赔要求。

② 6 月 27 日至 6 日，是由子业主迟交图纸引起的，为业主应承担的风险，可以考虑工期和费用的索赔，但不应考虑承包人的利润要求，索赔额为 10d × 2 万元 /d=20（万元）；

③ 7 月 7 日至 12 日特大暴雨属于双方共同的风险，可以考虑承包人工期索赔，但不应考虑费用索赔要求；

④ 7 月 13 日至 14 日的停电属于有经验的承包人无法预见的自然条件变化为业主应承担的风险，可以考虑工期和费用索赔，但不应该考虑承包人的利润要求，索赔额为 2d × 2 万元 /d=4（万元）。

（2）不合理。窝工闲置的设备应按折旧费或停滞台班费或租赁费计价，不包括运转费部分；人工费损失应考虑这部分工作的工人调做其他工作时功效降低的损失费用，一般用工日单价乘以一个测算的降效系数计算这一部分损失，而且只能按成本费用计算，不包括利润。

（二）[案例 7—2] 投标阶段合同价的确定案例

1. 背景

某山区公路工程，业主在招标时给出了工程量清单，要求采用工程量清单报价的方法进行报价，给出的工程细目共七部分。投标时，承包商在核算工程数量时发现桩基的设计数量比清单数量少，承包商为了降低报价，就对工程量清单进行了更改，按更改后的数量进行报价；在某桥梁工程报价时，承包商发现没有模板和脚手架细目，认为业主有漏项，以后工程施工时再进行增项，在报价时未考虑此费用，各细目的单价确定后，承包商进行了汇总，得出了投标总价，写入了投标书。

2. 案例分析

本案例考核：工程量清单的组成部分并要求掌握工程量清单报价的内容。对工程量清单的更改工程细目包括的内容等有关规定必须清楚，以便正确地进行报价。

（1）工程细目根据工程的不同部位分为总则、路基、路面桥梁涵洞、隧道安全设施及预埋管线、绿化及环境保护设施五部分。

（2）有不妥之处：

①业主给定的工程量清单是承包商报价的基础，承包商不得擅自修改。当发现与设计不一致时，可向业主申请澄清，根据业主的澄清文件进行更改。没有澄清的按清单数量报价。

②桥梁工程的模板和脚手架等材料不单独设置细目，其费用在投标时需考虑，应包括在相应的工程细目中。

第八章　公路工程施工合同管理

第一节　合同的基本知识

一、合同的基本概念

合同是平等主体的自然人、法人、其他组织之间设立、变更终止民事权利义务关系的协议。

土木建设工程合同是承包人进行土木工程建设、发包人支付价款的合同，主要包括工程勘查、设计、施工合同。土木建设工程合同是一种承诺合同，合同订立生效后，双方应当严格履行；土木建设工程合同也是一种双务、有偿合同，当事人双方在合同中都有各自的权利和义务，在享有权利的同时必须履行义务。

土木建设工程合同当事双方分别称为发包人和承包人。发包人是指具有土木工程发包主体资格和支付工程价款能力的当事人，以及取得该当事人资格的合法继承人，有时也称发包单位、建设单位或业主、项目法人。承包人是指被发包人接受的具有工程承包主体资格的当事人以及取得该当事人资格的合法继承人，有时也称承包单位、施工企业、施工人。土木建设工程合同的承包人必须具有企业法人资格，同时持有工商行政管理机关核发的营业执照和建设行政主管部门颁发的资质证书，在核准的资质等级许可范围内承揽工程。

二、土木工程合同的分类

（一）按计价方式分类

1.总价合同

总价合同适用于规模较小，工期较短，技术简单，风险不大，设计图纸准确、详细的工程项目，又可细分为固定总价合同和可调总价合同。

（1）固定总价合同，是指承包工程的合同款总额已经确定，工程结算款不随物价上涨及工程量的变化而变化。

（2）可调总价合同，是指在固定总价合同的基础上增加合同履行过程中因市场价格浮动、通货膨胀等外因对承包价格调整的条款；由设计变更、工程量变化和其他工程条件变化所引起的费用变化也可进行调整。

这两种合同相比较，采用可调总价合同，通货膨胀、价格浮动的风险由业主承担，不利于业主进行投资控制，但对于承包商而言，风险相对较小。

2. 单价合同

单价合同是指签约时双方在合同中明确每一个单项工程的单价，工程完工时按照实际完成工程量乘以单项工程单价计算结算款额。适用于招标文件中已列出分部、分项工程量，但整体工程量尚未最后确定的工程项目，又分为固定单价合同和可调单价合同。

（1）固定单价合同，是指工程实施中合同所确定的各项单价保持不变，工程量调整时按合同单价追加合同价款，工程全部完工时按竣工图的工程量结算工程款。

（2）可调单价合同，是指签约时按照时价暂定某些分部、分项工程单价，工程实施中如果物价等不确定因素发生变化，则根据合同约定调整单价，结算工程款。

3. 成本加酬金合同

成本加酬金合同是指成本费按承包人的实际支出由发包人支付，发包人同时向承包人支付一定数额或百分比的利润。具体可分为以下 3 种。

（1）成本加固定百分比酬金合同，是指发包人对承包人的实际成本全部据实补偿，同时按照实际成本的固定百分比付给承包人一笔酬金，作为承包人的利润。

（2）成本加固定酬金合同，该合同发包人付给承包人的酬金是一笔固定金额。

（3）成本加浮动酬金合同，签约时双方首先约定限额成本、报价成本和最低成本。当实际成本低于最低成本时，承包人除了得到实际成本和酬金的补偿外，还与发包人一起分享节约额；当实际成本高于最低成本而低于报价成本时，承包人可以得到实际成本和酬金的补偿；当实际成本高于报价成本而低于最高限额成本时，承包人只能得到全部实际成本的补偿；当实际成本超过最高限额成本时，则超过部分发包人不予支付。

（二）按承包范围分类

1. 全过程承发包合同

全过程承发包合同又称为总承包、统包、交钥匙合同，是指发包人只是提出使用要求、竣工期限或对其他重大决策性问题做出决定，承包人对项目建议书、可行性研究、勘察设计、材料设备采购、工程施工、竣工验收、投产使用和建设后评估等全过程实行总承包，全面负责对各项分包任务和参与部分工程建设的发包人进行统一组织、协调和管理。

2. 阶段承发包合同

阶段承发包合同是指发包人和承包人就工程建设过程中某一阶段或某些阶段的工作，

如勘查、设计、施工、材料设备供应等签订的合同。在施工阶段，依据承发包的具体内容还可再细分为包工包料合同、包工部分包料合同、包工不包料合同。

3. 专项合同

专项合同是指发包人和承包人就某建设阶段中的一个或几个专门项目签订承发包合同。专项合同主要适用于可行性研究阶段的辅助研究项目；勘查设计阶段的工程地质勘查、供水水源勘查，基础或结构工程设计、工艺设计，供电系统设计等施工阶段的深基础施工、金属结构制作和安装、通风设备和电梯安装建设准备阶段的设备选购和生产技术人员培训等专门项目。

（三）土木工程项目其他合同

土木工程项目其他合同除了工程勘查、设计、施工合同，还包括工程监理合同、工程保险合同、工程借贷合同、物资采购（租赁）合同、工程担保合同、工程咨询合同、工程分包合同、劳务分包合同等。

三、土木工程合同的签订

土木工程合同的订立与其他合同的订立程序相同，也采取要约和承诺方式。根据《中华人民共和国招标投标法》中对招标、投标的规定，招标、投标、中标的过程实质就是要约、承诺的一种具体方式。招标人发布招标公告或向符合要求的投标人发出要求，为要约邀请；投标人根据招标文件内容向招标人提交投标文件，为要约；招标人评标确定中标人并发出中标通知书，为承诺；招标人和中标人按照中标书、招标文件和投标文件等订立书面合同时，合同成立并生效。

公路建设工程施工合同的订立往往要经历一个较长的过程。在明确中标人并发出中标通知书后，双方即可就建设工程施工合同的细则和有关条款展开谈判，直至最终签订合同。

（一）土木工程合同的签订过程

1. 合同审查

土木工程合同签订前，当事双方应从履约角度对合同文件进行全方面审查，审查内容见表8—1。

表 8—1 土木合同审查内容

类别	主要内容
合同效力审查	1. 合同主体资格审查； 2. 合同客体资格审查； 3. 合同内容合法性审查； 4. 有些许公证或官方批准方可生效的合同，是否已获公证或批准
合同整体性和完备性审查	1. 合同包括的各种文件是否齐全，一般有合同协议书、中标函、投标书、工程设计规范工程量清单和合同条款等； 2. 对有关问题进行规定的条款是否齐全
合同条款公正性审查	1. 当事人一方不得故意刁难，强加给对方严重失衡的不合理条款； 2. 不得采用欺诈、胁迫或乘人之危，要求与对方签订违背对方意愿的合同
合同间协调性审查	一个项目中往往要签订若干个合同，相关同级合同之间，主分合同必须进行周密的分析与协调，做到既有整体的合同策划，又有具体的合同管理
合同应变性审查	由于土木工程项目规模大、工期长，影响因素众多，因此在合同履行期间，合同状态会经常发生变化。合同的应变性审查就是审查合同对这些变化的处理原则和措施
合同用词准确性审查	项目中，承包方和发包方可能因为对合同中条款文字的不同理解而发生争执，给合同管理带来不便。因此，在起草合同时。应准确界定合同条款，使用规范性专业术语，不用或少用歧义汉字，使合同具备表达意思的唯一性

2. 合同谈判

合同谈判时当事双方就土木工程项目合同的主要条款进行具体商谈。建设工程施工承包合同谈判的主要内容包括以下七个方面：

①关于工程内容和范围的确认。

②关于技术要求、技术规范和施工技术方案的条款。

③关于合同价格条款。

④关于价格调整条款。

⑤关于合同款支付方式的条款。

⑥关于工期和维修期的条款。

⑦合同条件中其他特殊条款的完善。

3. 合同签订

合同的签订过程也就是合同的形成、协商和订立过程，方式各不相同，但不管采取何种方式，都必须经过要约和承诺两个阶段。

要约，是希望和他人订立合同的意思表示，即一方当事人以缔结合同为目的向对方当事人所作约定意思。发出要约的人称为要约人，接受要约的人则称为受要约人、相对人和承诺人。要约是订立合同的必经阶段，不经过要约的阶段，合同是不可能成立的。

承诺，是受要约人同意要约的意思表示。承诺也是一种法律行为，"要约"一经"承诺"，就被认为当事人双方已协商一致，达成协议，合同即告成立。

第二节　公路工程合同的形式

一、工程项目合同及特点

1. 工程项目合同

一个建设工程项目的实施，涉及的建设任务很多，往往需要许多单位共同参与，不同的建设任务往往由不同的单位分别承担，这些参与单位与业主之间应该通过合同明确其承担的任务和责任以及其所拥有的权利。

工程项目合同是指业主与勘查、设计、施工、器材供应等单位为完成一定的建设工程任务而签订的，旨在明确相互权利、义务和责任关系的合法合同。

由于建设工程项目的规模和特点存在差异，所以不同项目的合同数量可能会有很大的差别，大型建设项目可能会有成百上千个合同。根据合同中的任务内容可划分为勘查合同、设计合同、施工承包合同，物资采购合同、工程监理合同、咨询合同、代理合同等。根据《中华人民共和国合同法》，勘查合同、设计合同、施工承包合同属于建设工程合同，工程监理合同、咨询合同等属于委托合同。

2. 工程合同的特点

工程合同除了具有经济合同的一般法律特点以外，还具有下述特点：

（1）经济、法律关系多元性。在合同签订和实施过程中会涉及多方面的关系，如承包方会涉及专业分包、材料供应、构配件生产和设备加工、银行保险等多方单位，产生错综复杂的关系。这些关系都要通过经济合同来体现。

（2）合同的多变性。由于工程项目庞大、复杂、施工周期长，而在建设过程中又受到地区、环境、气候、地质、政治、经济及市场变化等多方面因素影响，在项目实施过程中经常出现设计变更、季度计划修改，及合同某些条款的变更。在项目管理中，要有专人及时做好设计或施工变更洽谈记录，明确因变更而产生的经济责任并妥善保存好相关资料，作为索赔、变更或终止合同的依据。

（3）合同的复杂性。由工程项目经济法律关系的多元性及工程项目的单件性所决定的每个工程项目的特殊性和建设项目受到的多方面、多因素的制约和影响，都相应地反映在工程项目合同中，导致合同内容庞杂、条款多，工程项目合同除了工作范围、工期、质量、造价等一般条款外，每个项目合同还有特殊条款并涉及保险、税收、文物、专利等多种内容，条款往往多达几十条。因此在签订合同时，要全面考虑多种关系和因素，仔细斟酌每一条款，否则可能产生严重的不良后果。

（4）合同履行方式的连续性和履约周期长。由于建设项目实施必须连续且循序渐进地进行，建设工程的特殊性决定了履约方式的连续性和渐进性。项目合同管理人员要随时按照合同的规定并结合实际情况对工程质量、进度等进行检查，确保合同的顺利实施。

（5）工程项目规模大、内容复杂决定了履约期长。在长时间内，如何按照合同约定的权利，认真履行合同规定的义务是工程项目合同管理应注意的问题，项目负责人要加强对项目合同实施全过程的管理，防止因建设周期长而造成有关资料的散失。

（6）合同的风险性。由于建设项目关系的多元性、复杂性、多变性、履约周期长、金额大、市场竞争激烈等特征，增加了项目承包合同的风险性。慎重分析研究各种风险因素，在签订合同中尽量避免承担风险的条款，在履行合同中采取有效措施，防范风险的发生，是十分重要的。

二、工程合同的形式

工程合同的形式是指在工程项目建设中根据合同的标的物订立的合同。

（一）土木工程施工合同

土木工程施工合同是发包人和承包人为完成商定的土木建筑安装工程，明确双方的权利义务关系而签订的合同。我国当前采用《建设工程施工合同（示范文本）》（GF—2013—0201），是由国家住房和城乡建设部、国家市场监督管理总局依据《中华人民共和国合同法》《中华人民共和国建筑法》《中华人民共和国招标投标法》以及相关法律法规制定的。

1.《建设工程施工合同（示范文本）》的组成

《建设工程施工合同（示范文本）》由合同协议书、通用合同条款和专用合同条款三部分组成。

（1）合同协议书。

《建设工程施工合同（示范文本）》合同协议书主要包括工程概况、合同工期、质量标准、签约合同价和合同价格形式、项目经理、合同文件构成、承诺、词语含义、签订时间、签订地点、补充协议、合同失效条件及合同份数等重要内容，集中约定了合同当事人基本的合同权利和义务，是经合同双方签字和盖章认可而使合同成立的重要文件。

（2）通用合同条款。

通用合同条款是合同当事人根据《中华人民共和国建筑法》《中华人民共和国合同法》等法律的规定，就工程建设的实施及相关事项，对合同当事人的权利和义务做出的原则性约定。

通用合同条款一般包括一般约定、发包人、承包人、监理人、工程质量、安全文明施工与环境保护、工期和进度、材料与设备、试验与检验、变更、价格调整、合同价格、计量与支付、验收和工程试车、竣工结算、缺陷责任与保修、违约、不可抗力、保险、索赔和争议解决。前述条款安排既考虑了现行法律法规对工程建设的有关要求，也考虑了建设工程施工、管理的特殊需要。

（3）专用合同条款。

专用合同条款是对通用合同条款原则性约定的细化、完善、补充、修改或另行约定的条款，合同当事人可以根据不同建设工程的特点及具体情况，通过双方的谈判、协商对相应的专用合同条款进行修改补充。

2.《建设工程施工合同（示范文本）》的性质和适用范围

《建设工程施工合同（示范文本）》为非强制性使用文本，适用于土木工程、房屋建筑工程、线路管道和设备安装工程、装修工程等建设工程的施工承发包活动，合同当事人可结合建设工程具体情况，根据《建设工程施工合同（示范文本）》订立合同，并按照法律法规规定和合同约定承担相应的法律责任及合同权利和义务。

3. 土木工程施工合同文件构成

组成合同的各项文件应互相解释，互为说明。除专用合同条款另有约定外，土木工程施工合同文件及优先解释顺序如下：合同协议书、中标通知书（如果有）、投标函及其附录、已标价工程量清单或预算书、其他合同文件。

上述各项合同文件包括合同当事人就该项合同文件所作出的补充和修改，属于同一类内容的文件，应以最新签署的为准。此外，在合同订立及履行过程中形成的与合同有关的文件均构成合同文件组成部分，并根据其性质确定优先解释顺序。

（二）土木工程监理合同

土木工程监理公司是指土木工程发包人聘请监理人代其对工程项目进行管理，明确双方的权利义务关系而签订的合同。为规范建设工程监理活动，维护建设工程监理合同当事人的合法权益，国家住房和城乡建设部与国家市场监督管理总局制定了《建设工程监理合同（示范文本）》（GF—012—0202）。

1.《建设工程监理合同（示范文本）》的组成

《建设工程监理合同（示范文本）》由协议书、通用条件和专用条件 3 个部分组成。

（1）协议书。

《建设工程监理合同（示范文本）》协议书共计 8 条，包括工程概况、词语限定、组成本合同的文件、总监理工程师、签约酬金、期限、双方承诺、合同订立等内容。

（2）通用条件。

通用条件适用于所有工程监理业务的委托，是所有签约工程都应遵守的基本条件。通用条件共计 20 条，分别为定义与解释、监理人的义务、委托人的义务、违约责任、支付、合同生效、变更、暂停，解除与终止、争议解决和其他需要明确的内容。

（3）专用条件。

专用条件是在通用条件的基础上，结合委托监理工程的项目特点、地域特点、专业特点等对通用条件中的某些条款进行补充、修改或细化。

2. 土木工程监理合同文件构成

土木工程监理合同文件及优先解释顺序如下：协议书；中标通知书（适用于招标工程）或委托书（适用于非招标工程）；专用条件及附录 A（相关服务的范围和内容）、附录 B（委托人派遣的人员和提供的房屋、资料、设备）；通用条件；投标文件（适用于招标工程）或监理与相关服务建议书（适用于非招标工程）。

合同签订后，双方依法签订的补充协议也是合同文件的组成部分。

（三）土木工程勘查、设计合同

1. 勘查合同、设计合同概念

（1）勘查合同，是指发包人和勘查人为查明、分析、评价建设工程地质地理环境特征和岩土工程条件，明确双方的权利义务关系而签订的合同。

（2）设计合同，是指发包人和设计人为综合分析、论证建设工程所需的技术、经济、资源、环境等条件，明确双方的权利义务关系而签订的合同。勘查或设计合同的发包人应当是法人或者自然人，是建设单位或项目管理部门；勘查人或设计人必须具有法人资格，是持有建设行政主管部门颁发的工程勘查或设计资质证书、工程勘查或设计收费资格证书及工商行政管理部门核发的企业法人营业执照的工程勘查或设计单位。

2.《建设工程勘查合同（示范文本）》《建设工程设计合同（示范文本）》

为了加强工程勘察设计市场管理，规范市场行为，保证勘查合同和设计合同的内容完备、责任明确、风险分担合理，原建设部和原国家工商行政管理局制定了《建设工程勘查合同（示范文本）》和《建设工程设计合同（示范文本）》。

（1）《建设工程勘查合同（示范文本）》。

《建设工程勘查合同（示范文本）》按照委托勘查任务的不同分为两个版本。《建设工程勘查合同（示范文本）》（GF—2000—0203）适用于岩土工程勘查、水文地质勘查（含凿井）工程测量、工程物探，共计 10 条 27 款，主要条款内容包括：工程概况，发包人应提供的资料文件，勘查人应提交的勘查成果资料与质量，提交勘查成果的时间、收费标准及付费方式，发包人、勘查人责任，违约责任方未尽事宜的约定，其他约定事项合同争议解决方法，合同生效与终止。《建设工程勘查合同（示范文本）》（GF—2000—0204）适用于岩土工程设计、治理、检测，共计 14 条 35 款，除了《建设工程勘查合同（示范文本）》（GF—2000—0203）应具备的条款外，增加了变更及工程费的调整，材料设备供应，报告、成果、文件检查验收等内容。

（2）《建设工程设计合同（示范文本）》

《建设工程设计合同（示范文本）》按照适用工程种类的不同分为 2 个版本。

《建设工程设计合同（示范文本）》（GF—2000~0209）适用于民用建设工程设计，共计8条26款，主要条款内容包括：签订合同依据；委托设计任务的范围和内容；发包人应提供的有关资料和文件；设计人应交付的资料和文件；设计费的支付；双方责任；违约责任；其他。《建设工程设计合同（示范文本）》（GF—2000—0210）适用于专业建设工程设计，共计12条32款，除了《建设工程设计合同（示范文本）》（GF—2000—0209）的条款外，还增加了设计依据、合同文件的优先次序、保密等内容。

（四）土木工程物资采购合同

1. 土木工程物资采购合同概念

土木工程物资采购合同是指具有平等主体的自然人、法人、其他组织之间，为实现土木工程物资的买卖，设立、变更、终止相互权利义务关系的协议。合同中，出卖人转移土木工程物资的所有权属于买受人，买受人接受土木工程物资并交付价款。土木工程物资采购合同属于买卖合同，具有买卖合同的一般特征。土木工程物资采购合同按照标的所属建设物资的种类不同可分为材料采购合同和设备采购合同。

2. 土木工程物资采购合同的主要内容

（1）材料采购合同。材料采购合同是指以工程项目所需材料为标的，以材料买卖为目的，明确当事双方的权利义务关系而签订的合同。土木工程材料采购合同的主要条款内容包括：当事双方基本情况；合同标的；技术标准和质量要求；材料数量及计量方法；材料的包装；材料的支付方式；材料的交货期限；材料的价格；结算；违约责任；特殊条款；争议解决方式等。

（2）设备采购合同。设备采购合同是指以工程项目所需设备为标的，以设备买卖为目的，明确当事双方的权利义务关系而签订的合同。土木工程设备采购合同的主要条款内容包括：定义；技术规范及标准；知识产权；包装要求；装运条件及运输；交货验收；保险；价款支付；质量保证；检验、安装、调试与保修；违约责任；不可抗力；履约保证金；争议解决方式；因破产而终止合同；合同修改；转让或分包；适用法律；有关税费；合同生效、修改等其他内容。

（五）土木工程保险合同

1. 土木工程保险合同概念

保险合同是投保人与保险人之间设立、变更、终止保险法律关系的协议。依照保险合同，投保人承担向保险人交纳保险费的义务，保险人在保险标的发生约定事故时，承担钱财补偿责任或者履行给付义务。土木建筑工程保险是指以各类民用、工业用和公用事业用的土木建筑工程项目为标的的保险，保险人承担被保险人在工程建设过程中由自然灾害和意外事故引起的一切损失的经济赔偿责任。土木建筑工程保险一般以工期的长短作为确定保险责任期限的依据，即由保险人承保从工程开工之日起到竣工验收合格的全过程。

2. 建筑工程一切险保险合同的主要内容

建筑工程一切险保险合同是土木工程项目管理过程中最重要的保险合同，它的主要条款内容有：总则；第一部分——物质损失保险部分，包括保险标的，保险费，责任免除，保险金额与免赔额（率），赔偿处理；第二部分一第三者责任保险部分，包括保险责任，责任免除，责任限额与免赔额（率），赔偿处理：第三部分——通用条款，包括责任免除，保险期间，保险人义务，投保人、被保险人义务，赔偿处理，争议处理，其他事项，释义。

（六）土木工程借贷合同

1. 土木工程借贷合同概念

借贷合同是在借款人和借款人之间为实现商定数额的货币借贷，明确当事双方的权利义务关系而签订的合同。根据该合同，借款人从贷款人处取得合同规定的货币数额，经过规定期限后，借款人向贷款人归还相同数额货币并支付相应利息。

土木工程建设过程中，发包人为了筹集建设资金的不足部分，承包人为了解决工程前期资金的紧张，均可与金融机构签订借贷合同。土木工程借贷合同中，贷款人是指依法设立经营贷款业务的金融机构；借款人应为实行独立核算并能承担经济责任的全民（或集体）所有制企业、经国家批准的建设单位或中外合资（合作）企业。

2. 土木工程借贷合同的主要内容

土木工程借贷合同的主要内容包括借款种类、借款用途、借款金额、借款利率和利息、借款期限、还款资金来源和还款方式、担保或合同保证条款、合同的变更、合同违约责任、贷款人的权利、争议解决方式、合同效力、双方当事人商定的其他条款。

第三节　公路工程项目施工合同管理

一、工程项目施工合同管理

（一）工程项目合同管理的定义

工程项目合同管理是指对工程合同的签订、履行、变更和解除进行监督检查，对合同履行过程中发生的争议或纠纷进行处理，确保合同依法订立和全面履行。工程项目合同管理贯穿从合同签订、履行到合同终结直至归档的全过程。

（二）工程项目合同管理的任务

工程项目合同管理的任务是根据法律、政策和企业经营目标的要求，运用指导、组织，监督等手段，促使当事人依法签订、履行、变更合同和承担违约责任，制止和查处利用工程合同进行违法活动，保证工程项目建设顺利进行。

必须依法确定与承包人之间的经济权利和经济义务关系，并通过签订的有关工程建设合同将这种关系进一步确立。有关法律、法规是签订合同的重要依据和保障，严格履行与科学管理工程建设合同是控制工程投资、确保工程质量的重要手段。还应通过工程合同的管理防范和化解合同双方的纠纷。因此，合同双方在签订有关合同时，应就合同条款的内容进行认真研究、推敲，力求条款内容完善、词句严谨、签订合同程序合法、双方的权益和义务明确。合同双方认真地按有效合同履行其责任，可以预防和减少合同纠纷的发生，而且即使发生合同纠纷，也可以通过调解或仲裁的方式，依据合同保护各自的合法权益。

（三）工程项目合同管理的内容

（1）对合同履行情况进行监督检查。检查《中华人民共和国合同法》《中华人民共和国合同管理法》以及有关法律法规贯彻执行情况，检查合同签订和服从情况。通过检查，发现问题及时协调解决，减少和避免合同纠纷的发生，提高合同履约率。

（2）经常对项目经理及有关人员进行《中华人民共和国合同法》及有关法律知识教育，提高合同管理人员素质。

（3）建立健全工程项目合同管理制度，包括项目合同归口管理制度、考核制度、合同用章管理制度、合同台账统计及归档制度。

（4）对合同履行情况进行统计分析，包括工程合同份数、造价、履约率、纠纷次数、违约原因、变更次数及原因等，通过统计分析发现问题，及时协调解决，提高利用合同进行生产经营的能力。

（5）组织和配合有关部门做好有关工程项目合同的签证、公证和调解、仲裁及诉讼活动。

（四）土木工程项目合同管理的法律依据

我国规范土木工程项目合同管理的法律体系主要包括以下方面：

（1）《中华人民共和国合同法》，简称《合同法》，是规范我国市场经济财产流转关系的基本法。土木工程项目涉及的所有合同的订立和履行均应遵守《合同法》的基本规定。

（2）《中华人民共和国民法通则》，简称《民法通则》，是调整平等主体的公民之间、法人之间、公民与法人之间的财产关系和人身关系的基本法律。《民法通则》对规范合同关系做出了原则性的规定。

（3）《中华人民共和国招标投标法》，简称《招标投标法》，是规范土木工程建设市场的主要法律，能够有效地实现公正、公平、公开的竞争。合同的订立和履行也必须遵守《招标投标法》的规定。

（4）《中华人民共和国建筑法》，简称《建筑法》，是规范建筑活动的基本法律，土木工程项目合同的订立和履行作为一种建筑活动，必须遵守《建筑法》的规定。

（5）其他法律。土木工程项目合同管理还应遵守其他法律的相关规定。

（五）工程项目合同管理的原则

（1）遵守法律法规原则。合同的主体、内容、形式和程序等都要符合法律法规规定，才能受到国家法律的保护、保障当事双方预期目标的实现。

（2）平等自愿原则。签约各方在法律地位上是完全平等的。任何一方都不能将己方意愿（如单方提出不平等条款）强加于另一方，而且当事人根据自己的意愿签订合同，有权选择订立合同的对象、条款内容、订立时间及依法变更和解除合同，任何单位和个人不得非法干预。

（3）公平原则。民事主体必须按照公平的观念设立、变更或者取消民事法律关系。土木工程项目签订合同时应贯彻公平原则，即签约各方的权利和义务要对等，不能有限公平，从而反映出商品交换等价有偿的客观规律和要求。

（4）诚实信用原则。订立合同时要求当事人实事求是地向对方介绍己方的条件、要求和履约能力，充分表达己方的真实意愿，不得有隐瞒、欺诈的成分，拟定合同条款时，要充分考虑对方的合法权益和实际困难，以善意的方式设定合同权利和义务。

（5）等价有偿的原则。民事主体在从事民事活动中，除法律另有规定或者当事人另有约定外，应当按照价值规律的要求，在取得他人财产利益或者得到他人劳务时，向对方支付相应的代价。

（6）不得损害社会公共利益和扰乱社会经济秩序原则。当事人订立、履行合同，应当尊重社会公德，不得扰乱社会经济秩序，损害社会公共利益。

（7）全面履行原则。当事人应当按照合同约定的标的、数量、质量、价款或者报酬等，在约定的履行期限、履行地点，以约定的履行方式，全面完成合同义务的履行原则。

（六）工程项目合同管理的意义

（1）适应我国建立社会主义市场经济的需要。我国建筑业社会主义市场经济体制正日益规范化。随着政府部门职能的转变，要求业主与承包人双方的行为将主要依据合同关系加以明确及进行约束，其各自的权益也将依靠合同受到法律的合法保护。

（2）能加强工程项同管理，提高合同履约率。业主作为项目法人，必须树立合同法制观念，加强工程建设的合同管理。

（3）是推行项目法人责任制、招标投标制、工程建设监理制和合同管理制的重要手段。我国建筑市场管理中所推行的项目法人责任制、招标投标制、工程建设监理制和合同管理制，是建筑业规范化管理的保证，业主必须学会正确科学地运用合同管理手段，规范化地管理工程招标及各合同项目的实施，提高工程建设的经济效益和社会效益。

（4）提高对国际工程建设市场的竞争意识及合同管理技能，打开和进入国际工程承包市场。现代化建筑市场的模式应当是市场机制健全，具有合格的市场主体，具有完备的市场要素，通过建立健全市场保障体系及有关法规，保证建筑市场秩序良好。

二、工程索赔

（一）工程索赔的概念

由于工程建设的复杂性，在市场经济条件下，发生工程索赔是一种正常的现象。加强对索赔理论和方法的研究，认真对待和搞好工程索赔，对维护国家和企业利益都有十分重要的意义，同时有利于保证工程建设保质保量、按时完成。

工程索赔是指在合同履行过程中，合同当事一方因对方不履行或未能正确履行合同或者由于非自身因素而受到经济损失或权力损害时，通过合同约定的程序向对方提出经济或时间补偿要求的行为。

凡超出原定合同规定的行为给承包人带来的损失，无论是时间上的还是经济上的，只要是承包人认为不能从原合同规定中获得支付的额外开支，应该得到经济和时间补偿的，均有权向业主提出索赔。

索赔包括承包人向业主提出的索赔和业主向承包人提出的索赔。通常前者为索赔，后者为反索赔。反索赔是业主为维护自身的利益对承包人的一种防卫行为，业主的这种行为也是正当的。

索赔是一门融社会科学、自然科学为一体的边缘科学，涉及工程技术、工程管理、贸易、法律、财会、公共关系等众多学科的知识。在索赔过程中，要注重对这些知识的有机结合和综合应用。

（二）土木工程项目索赔的原因

引起索赔的原因有很多，从现代土木工程项目特点分析，包括以下方面：

（1）现代土木工程项目的特殊性。项目规模大、技术性强、工期长；项目的差异性大、综合性强、风险大，实施中的不确定因素多。

（2）项目内外部环境的复杂性和多变性，如项目技术环境、经济环境、社会环境、法律环境的变化，使实际情况与计划不一致，导致工期和费用的变化。

（3）项目实施主体的多元性。项目参与单位多、关系复杂、相互影响、协调不一致，易导致索赔。

（4）合同的复杂性及易出错性。土木工程项目签订的合同多而且复杂，容易造成合同当事人对合同条款理解差异，提出索赔。

（5）投标的竞争性。竞争激烈，承包人利润低，索赔成为工程风险再分配的手段。

（三）索赔的分类

根据索赔的范围、性质、依据等不同，可对其进行以下几种分类。

（1）按索赔的目的分为费用索赔和工期索赔。

（2）按索赔的依据分为合同明示索赔、合同默示索赔、道义索赔。

（3）按索赔的有关当事人分为承包人与业主间的索赔，总承包人与分包人间的索赔、承包人与供应商间的索赔、承包人与业主共同向保险公司索赔和其他索赔。

（4）按索赔的处理方式分为单项索赔和总索赔。

（5）按索赔的性质分为工程变更索赔、工程中断索赔、工程终止索赔，不可预见因素索赔，以及由于物价、汇率、货币、政策法令变化等引起的索赔。

（6）按索赔的发生时间分为合同履行期间的索赔、合同终止后的索赔。

（四）索赔的程序

1. 意向通知

发现索赔或意识到存在潜在的索赔机会后，承包人应立即将索赔意向书面通知监理工程师（业主）。这种意向通知是非常重要的，它标志着一项索赔的开始。在引起索赔事件第一次发生之后28d内，承包人将自己的索赔意向通知监理工程师，同时将一份副本呈交业主。事先向监理工程师（业主）通知索赔意向，这不仅是承包人要取得补偿必须遵守的基本要求，也是承包人在整个合同实施期间保持良好索赔意识的最好方法。

索赔意向通知通常包括事件发生的时间和情况的简单描述、合同依据的条款和理由、有关后续资料的提供（包括及时记录和提供事件发展的动态）、对工程成本和工期产生的不利影响的严重程度等方面的内容。一般索赔意向通知仅仅是表明意向，应写得简明扼要，涉及索赔内容但不涉及索赔数额。

2. 资料准备

索赔的成功很大程度上取决于承包人对索赔做出的解释和具有强有力的证明材料。承包人在正式提出索赔报告前的资料准备工作极为重要。承包人要注意记录和积累保存相关资料，随时从中索取与索赔事件有关的证据资料，见表8—2。

表8—2　施工项目索赔证据

分类	内容
施工记录	①投标前业主提供的参考资料和现场资料；②工程进度计划、施工图纸、方案及施工组织设计；③施工日志；④工程照片及声像资料；⑤实际工程进度与现场记录；⑥往来信函、文件及电话记录；⑦会谈记录与纪要；⑧业主或监理工程师的各种指令与确认书，尤其是变更指令；⑨气象报告和资料；⑩工程设备和材料使用记录；⑪各种检查、验收报告和技术鉴定报告；⑫工程备忘录及各种签证等
财务记录	①投标书中的财会部分；②施工预算；③工程结算资料；④工程进度款支付申请单；⑤会计日报表；⑥会计往来信函及文件；⑦工人劳动计时卡与工资单；⑧材料、设备、配件等的采购单与付款单据；⑨有关财务报告及各类财务凭证；⑩官方发布的物价指数、通用货币汇率、工资指数等

3. 索赔报告的编写

索赔报告是承包人向监理工程师（业主）提交的一份要求业主给予一定经济（费用）补偿和（或）延长工期的正式报告。承包人应在索赔事件对工程产生的影响结束后的28d

内，向监理工程师（业主）提交正式的索赔报告。如果索赔事件在整合工程施工期间持续影响，就不能在工程结束后才提出索赔报告，应由承包人或按合同规定，每隔一段时间向监理工程师报告。

索赔报告文件的正文包括：报告的标题，简明地概括索赔的核心内容；事实与理由，陈述客观事实，引用合同规定，建立事实与索赔之间的因果关系，说明索赔的合理、合法性；损失计算及要求补偿的金额与工期，在此只需列举各项明细数字及汇总即可。

4. 提交索赔报告

索赔报告编写完毕后，应及时提交监理工程师（业主），正式提出索赔。索赔报告提交后，承包人不能被动等待，应隔一定的时间，主动向对方了解索赔处理的情况，根据所提出的问题进一步做资料方面的准备，或提供补充资料，尽量为监理工程师处理索赔提供帮助、支持和合作。

5. 索赔报告的评审

监理工程师（业主）接到承包人的索赔报告后，应马上仔细阅读其报告并对不合理的索赔进行反驳或提出疑问，监理工程师将根据自己掌握的资料和处理索赔的工作经验就以下问题提出质疑索：赔事件不属于业主和监理工程师的责任，而是第三方的责任；事实和合同依据不足；承包人未能遵守意向通知的要求；合同中的开脱责任条款已经免除了业主补偿的责任；索赔是由不可抗力引起的，承包人没有划分和证明双方责任的大小；承包人没有采取适当措施避免或减少损失；承包人必须提供进一步的证据；损失计算夸大；承包人以前已明示或暗示放弃了此次索赔的要求等。

在评审过程中，承包人应对监理工程师提出的各种质疑做出圆满的答复。

6. 谈判解决

经过监理工程师对索赔报告的评审，与承包人进行了较充分的讨论后，监理工程师应提出对索赔处理决定的初步意见并，参加业主和承包人之间进行的索赔谈判，通过谈判，做出索赔的最后决定。

7. 争端的解决

如果索赔在业主和承包人之间不能通过谈判解决，可就其争端的问题进一步提交监理工程师解决直至仲裁。

（五）[案例 3—1] 违法分包案件

1. 案情简介

2005 年 3 月，某路桥公司项目部与赵某签订《劳务分包临时协议》，将该公司承包的二级公路合同段 K20+000 至 K23+000 范围内所有施工项目承包给赵某，该协议约定的承包方式为：综合单价，辅助工程及临时设施不另行计量；承包单价按工程量清单投标单价和施工合同中签证单价的 94% 计量，税收由乙方承担（甲方在工程款中代扣）。

2005年10月，赵某又以自己的名义与甫某签订《建设工程承包施工协议》，约定将其承包的二级公路合同段 K20+000 至 K23+000 范围内的所有土、沙、石方的开挖、回填、平整、碾压、运输承包给甫某。该协议明确双方签订协议的依据如下：

（1）交通局与路桥公司签订的二级公路合同段《建设工程施工合同》以及工程处与建设单位签订的补充协议（即总合同）。

（2）二级公路合同段施工图。

（3）二级公路合同段工程招标文图纸答疑。

（4）路桥公司投标文件及预算书。

合同还约定：合同工期为 170d，每拖延一天罚款人民币 1000 元，提前一天奖励 500 元。合同价款为十、沙、石的开挖分别为 2.7 元 /m²、5.2 元 /m²、10 元 /m²：土石方回填、碾压 4 元 /m²。工程价款支付方式为：按当月实际完成并经驻地监理工程师签字认可的工程量，工程指挥部拨付给项目部的百分比相应支付给甫某，工程尾款从工程指挥部同意转序之日起，一个月内付清。

2005年11月，甫某与刘某签订《租赁协议》，约定由刘某向其提供挖掘机在前述二级公路合同段 K20+000 至 K23+000 范围内使用，月租金 4 万元，月工作时间 240h，租期 6 个月。双方还约定：甲方（甫某）在开挖工地必须现场进行技术交底和监督刘某施工，机械师由乙方（刘某）负责，乙方必须服从甲方指挥人员的调度及工作安排，认真完成甲方安排的工作，如甲方拖欠乙方租赁费用，乙方有权停工及退场，甲方负责乙方由此产生的损失费用。后乙方依照约定将挖掘机运到施工现场并按甲方的要求自行进行甲方承包范围内的土方的开挖、回填施工，后因甲方拖欠款项，乙方（刘某）退场，甲方对乙方（刘某）所做工程质量无异议，双方对所欠款项进行了结算。因甲方未支付所欠款项，乙方（刘某）将路桥公司、项目部、赵某、甫某一并起诉到法院，要求支付剩余款项。

2. 争议

本案主要存在两种观点。一种观点认为，路桥公司与赵某之间、赵某与甫某之间存在的是劳务分包的法律关系，甫某与刘某之间存在的是租赁合同关系。理由是路桥公司与赵某之间签订的合同为《劳务分包临时协议》，因此，双方之间的关系为劳务分包合同关系；因赵某与路桥公司之间签订的是劳务分包合同，因此赵某与甫某之间的合同关系也应当是劳务分包合同关系。而甫某与刘某之间签订的合同的标题就是《租赁协议》，并且建设工程施工过程中挖掘机、压路机等机械的使用惯例就是提供机械一方不仅提供机械，而且要安排操作人员，根据使用人的要求实际进行操作和施工，因此，刘某的法律地位应是出租人而非实际施工人。

另一种观点认为，路桥公司与赵某之间、赵某与甫某之间均属于违法分包的法律关系，甫某与刘某之间所签订的合同名为《租赁合同》，实际上具有施工合同的性质，刘某在法律上具有实际施工人的法律地位，依法可以向转包人、违法分包人甚至在一定条件下有权向发包人主张支付款项。理由是判断合同的性质不能简单依据合同标题，应当以合同实质内容和实际履行的情况与法律规定的合同类型进行对比判断，符合法律规定的何种合同类型特征，该合同就是对应的合同类型。本案件中，路桥公司将承包的工程部分分包给赵某个人，赵某又将其中的部分施工内容分包给甫某个人，甫某又以租赁机械的形式实际上将其承包的工程再分包给刘某，其相互之间均是无效的施工合同，路桥公司、赵某、甫某均没有实际进行施工，只是收取管理费，但刘某对工程进行了实际施工，为实际上的施工人，因此法律上给予其特殊的保护。

3. 案例分析

根据《最高人民法院关于审理建设工程施工合同纠纷案件适用法律问题的解释》第二十六条，实际施工人以转包人、违法分包人为被告人起诉的，人民法院应当依法受理。实际施工人以发包人为被告人主张权利的，人民法院可以追加转包人或者违法分包人为本案当事人。发包人只在欠付工程价款范围内对实际施工人承担责任。本条是保护实际施工人利益的特殊保护。从建筑市场的情况看，承包人与发包人签订合同后，往往又将建设工程层层转包或违法分包给第三人，第三人就是实际施工人，按照合同相对性原则，实际施工人只能起诉与其签订合同的相对人，但正如本案件的情况，承包人将工程转包收取一定管理费后又将工程转包给他人，由于实际施工人与承包人、发包人之间没有合同关系，而建设工程经过承包人非法转包、违法分包后，建设工程施工的义务都是由实际施工人履行的。如果实际施工人只能起诉与之签订合同的违法分包人，则不利于保护实际施工人的权利。本解释的规定正是考虑了目前建筑市场不规范的现实，是立法上的一个突破性规定。结合本案件实际情况，因刘某实际上进行了违法分包项目即土方工程的施工，因此，刘某有权起诉违法分包人，人民法院还可以根据情况追加发包人作为被告参加诉讼，发包人只在欠付工程价款范围内对实际施工人承担责任。

（六）[案例 3—2] 违法分包案件

1. 案情简介

某道路工程施工采用了包工包地方材料的合同。承包商在某工程投标中按招标文件参考资料中提供的用沙地点距工地 5 千米的资料投标中标。但开工后，经工程师检查该沙不符合要求，承包商只得从另一距工地 10 千米供沙点采购，增加了 6 万元的费用，承包商遂向业主提出 6 万元费用赔偿。

在一个关键工作面上又因几种原因造成临时停工：6 月 20 日至 28 日承包商的施工设备出现了故障。应于 6 月 24 日交给承包商的后续图纸直到 7 月 6 日才交给承包商；7 月 7日到 12 日施工现场发生了该季节罕见的特大暴雨，造成了 11 日到 14 日该地区的供电全面中断。因此，承包商在 15 日向监理工程师提交延长工期 25d，成本损失费人民币 2 万元 /d 的要求（已经工程师认可）。

2.问题

（1）承包商因碎石场地点的变化提出的索赔合理吗？为什么？

（2）作为监理工程师，可以批准的工期和费用索赔额分别是多少？为什么？

3.案例分析

（1）因沙场地点的变化提出的索赔不合理，原因如下：

①承包商应对自己就招标文件的解释负责并考虑相关风险。

②承包商应对自己报价的正确性与完备性负责。

③材料供应的情况变化是一个有经验的承包商能够合理预见的。

（2）可以批准的工期索赔16d，费用索赔额为220万元人民币。原因如下：

①6月20至28承包人的施工设备出现了故障，属于承包人的责任，不应考虑承包人的时间和费用索赔。

②6月29日至7月6日，是由于业主迟交图纸引起的，为业主的责任，应考虑工期和费用的索赔，但不应考虑承包人的利润要求。索赔额为 $8 \times 2 = 16$（万元）。

③7月7日至12日特大暴雨属于业主的风险（责任），可以考虑承包人工期索赔，但不应考虑费用索赔要求。

④7月13日至14日的停电属于业主应承担的责任（风险），应考虑工期和费用索赔，但不应考虑承包人的利润要求，索赔额为 $2 \times 2 = 4$（万元）。

第九章　公路工程施工技术管理

第一节　概述

公路工程施工技术管理，是施工企业对生产技术工作进行的一系列组织、指挥、协调和控制等活动的总称，也就是对公路工程施工中的各项技术活动（如图纸会审、技术交底、技术检验、科学研究等）和技术工作的各种要素（如技术人员责任制、职工的技术培训、技术装备、技术文件、资料及档案等）进行的科学管理工作，它是实现施工项目控制目标的必要手段，是整个施工管理的重要组成部分。只有将技术管理与具体活动有机地结合起来，才能真正发挥技术管理对实现施工目标的保证作用。

公路工程施工技术管理根据合同条款和技术规范的要求，通过一定的组织系统，按照规定的程序，运用各种有效和必要的施工方法使工程最终达到一定的标准，满足设计要求，实现设计目的的一系列管理活动。广义来讲公路工程施工技术管理包括施工机械设备选型配置、施工方案选择、工程进度设计编制与控制、测量试验控制、技术方案实施、材料选择加工、技术资料收集整理等各方面的管理工作，是与工程主体有直接联系的各种表现活动的总称。狭义来讲，公路工程施工技术管理一般都是与技术保障、技术数据、技术文件有关的管理活动。

一、技术管理的概念

（一）技术管理的作用

为保证施工活动的正常开展，获得高效优质、低成本的效果，必须采取一定的施工技术措施。因此，制定技术措施、组织及协调技术活动等工作，就成为施工管理的重要内容。概括起来，技术管理工作的作用有以下四点：

（1）保证施工过程符合施工技术规范和合同文件的要求，在设计文件和图纸规定的技术要求及技术标准的控制下，使施工生产正常有序地进行。

（2）不断提高技术管理水平和施工人员的技术素质。依据一定的管理程序，有目的地分析施工中可能存在的技术薄弱环节并预先采取有针对性的措施，力求高质量地完成工程施工任务。

（3）通过对技术的动态管理，发掘施工中人工、材料及机械设备等资源的潜力，在保证工程质量和生产计划的前提下，降低工程成本，提高经营效益。

（4）通过技术管理，积极研究、开发与推广新技术、新工艺、新材料、新机具，促进企业技术管理现代化，增加技术储备和技术积累，提高企业竞争能力。

（二）技术管理的任务

技术管理的任务，就是对项目施工全过程运用计划、组织、指挥、协调和控制等管理职能促进技术工作的开展，贯彻国家的技术政策、技术法规和上级有关技术工作的指示与决定。动态地组织各项技术工作，优化技术方案，推进技术进步，使施工生产始终在技术标准的控制下按设计文件和图纸规定的技术要求进行，使技术规范与施工进度、质量与成本达到统一，保证安全、优质、低耗、高效地按期完成项目施工任务。具体体现在以下三个方面：

（1）加大科学研究工作的开展力度，提高生产的现代化水平。通过提升科学研究水平，在工程结构设计方面尽量采用国内外先进的理论和技术；在施工方面要采用切实可行的先进工艺来缩短建设周期，降低工程成本；在工程质量方面要不断地进行研究和改进，确保工程质量；要大力开展挖潜、革新、改造工作，提高施工生产的现代化水平。

（2）科学地组织各项技术工作，建立良好的技术管理秩序。建立和健全各项技术管理制度；贯彻执行技术规程、技术规范和技术标准，充分发挥技术力量的作用，大力开展技术革新和开发工作，不断采用新技术；开展全面质量管理，确保工程质量，组织安全生产和文明施工。

（3）促进技术研究的组织和技术教育的发展，努力提高机械化施工水平，做好信息情报和技术资料的管理工作，促进管理工作现代化。

（三）技术管理的内容

公路工程施工是由多工种、多工序构成的复杂的综合过程。其技术管理的主要内容见表9—1。

表9—1　技术管理主要内容

技术管理	施工过程技术管理	施工准备阶段技术管理	图纸会审、设计交底、编制施工组织设计、技术交底、施工方案编制
		施工实施阶段技术管理	处理工程变更及修改设计，技术检验。材料及半成品试验、定期组织质量巡检、技术质量保证体系正常运转。组织现场专业研讨会，定期核查施工必需的技术措施
		施工验收阶段技术管理	编制竣工工程的养护方案并指导实施，检查和督促质量评定、检查和督促交工文件并存档、组织开展技术总结、技术成果交流会
	技术开发活动		科技情报与信息系统、技术改进与合理化建议、技术管理制度与技术标准化工作、技术培训

（四）技术管理的原则

为实现技术管理的任务，技术管理工作的基本要求如下。

（1）尊重科学技术原理，按照科学技术的要求办事，公路项目施工中的技术要求可分为两类，一类是只适用于公路施工活动的具体技术要求，主要包括施工工艺技术，操作方法、机械设备的使用、安全施工技术等方面的技术要求；另一类是适用于任何生产领域带有普遍性的技术要求，如一切新技术的采用应先经过试验等要求。

（2）全面讲求经济效果，即技术管理工作要符合经济节约的原则。全面经济效果是与狭隘的经济效果相对立的。狭隘的经济效果是只求本单位的和当前的经济效果，并把它作为衡量经济效果的唯一标准和尺度。全面经济效果则与之不同。第一，不仅要注意本单位的经济效果，还要看为整个国民经济带来的经济效果。第二，不仅要看当前的经济效果，还要看远期的经济效果，要把两者结合起来。为此，要全面地进行技术经济分析，对重要的施工部分进行多方案比较。

（3）要贯彻执行国家的技术经济政策。国家根据不同时期的技术经济状况和自然资源的特点，依据科学技术发展规律，对国民经济中的重大技术问题，制定了一系列的技术政策。这些政策保护了技术和经济的统一，应该贯彻执行。如在公路建设方面的技术政策有节约木材的政策，节约能源和节约稀缺材料的政策，节约土地、保护农田的政策，保护环境的政策，等等。技术政策是有时间性即阶段性的，随着生产技术和经济水平的发展而变化。

二、技术管理的特点

在公路工程项目施工过程中，施工技术管理工作呈现出有动有静、动静结合的特点。从管理因素和管理效益来说，它们又表现出不同的规律性。

（一）技术管理因素特点

技术管理因素主要指人员、措施及规章制度的影响，其表现出以下特点：

（1）项目施工技术管理的现场工作是明确固定的，即该项目的施工技术管理的各项制度、标准、要求是确定的。

（2）项目主要技术负责人、工程各部分和工序的技术负责人是稳定的，以保证项目及工序的技术管理工作的连续性和交工、竣工资料的完整、齐全。

（3）项目的一般技术工作人员是随着工程进展的需要，而增减、调整的。其技术措施是随着项目的内外条件变化而变动的。

（4）工程队的主要技术负责人根据施工项目的需要巡回流动于各项目之间，检查、指导该队的技术工作。

（二）效益性特点

施工技术管理还具有先导性、时效性、动态性、规范性和经济性五个特点。

1. 先导性

先导性是指技术工作要先行，要抓紧、抓好施工前的技术准备和施工过程中的超前服务和预控。这是项目动态管理在空间上的"动"。推行项目动态管理，要充分利用公司智力密集的优势，组织好施工组织设计的编制工作，结合工程项目的特点，尽量采用新技术、新工艺、新材料、新机具。在项目实施前，集中力量规划好施工方案、主要施工机械的进出场时间，并采取预控措施优化劳动组合。对特殊工种，采取先培训后上岗的办法。根据实际需要在不同项目之间动态调度各种生产要素，为工程项目的实施创造良好的技术条件。这种先导性的技术管理是项目动态管理取得成功的重要保证。

2. 时效性

时效性是指要强调时间观念，提高工作效率。这是项目技术管理在时间上的"动"。对于一定的项目，施工过程有其客观规律性、阶段性和工期目标，而各生产要素的需求在时间上是变化的，动态管理就是一个寻求动态平衡的过程，因此，必须按照施工计划的部署，准确及时地完成施工准备、队伍调动、机械调配和材料供应等工作。而技术管理要在动态中跟踪做好超前服务，如及时进行交工技术资料的整理，做到与施工同步等。

3. 动态性

动态性是指把动态管理作为技术管理的核心，贯穿项目技术管理的全过程。要求改变把施工队伍成建制地固定在某一施工点上进行管理的传统静态做法，而是采取灵活机动的措施，因地制宜地使用人力、财力、机械、物资等活生产要素。一个施工队伍往往同时参与几个施工项目，各项目之间工期交叉，或处于不同的施工阶段，因此对资源的需求是此消彼长、错落起伏的。这就要求随时掌握资源、气候条件等施工要素的信息动向，及时收集整理各种原始资料，反馈质量信息，优化施工方案，制定切实可行的技术措施，做好技术管理工作。同时应指出，推行项目动态管理时，虽然人力、财力和物资诸生产要素是流动的，但由于实行了技术工作的统一领导和分级管理、项目总工程师责任制和岗位责任制等管理制度，使技术系统的质量保证体系在每一项目内保持了相对稳定，因而可以充分发挥人的主观能动性和实现资源的优化配置。

4. 规范性

规范性即要求施工技术管理向标准化、规范化的方向发展。规范化是针对具体的工程项目，将先进的适用技术制定出规范性的施工方法并予以推广应用。在项目动态管理条件下，技术管理规范化的一项重要内容就是采用工法制度。工法是以工程为对象、以工艺为核心，用系统工程方法，将先进技术与科学管理相结合，形成具有实用价值、综合配套的新技术。工法既规定了工序、工艺要求、操作规程，又规定了相应的机械设备、劳动组合，质量标准，安全措施，材料消耗，经济分析及工程实例等内容，这与项目动态管理条件下技术管理的特点和要求是一致的。这有利于增强企业的技术积累、技术储备和竞争能力，提高工作效率，确保安全和质量，最终提高企业的综合技术经济效益。所以，标准化工作是企业技术管理的重要工作之一。

5. 经济性

经济性是指要以明确的经济观点指导项目的技术管理，用有效的技术管理工作达到实现更好的综合经济效益的目的。因为竣工工程所具有的价值，由消耗资源、占用土地等要素的价值转移而形成，其中科技含量越高经济效益越好。为此，要求通过科学合理的施工方案、先进可行的技术措施和周密细致的技术管理来节省投资，提高经济效益。项目动态管理追求企业的整体效益，以提高企业整体技术水平为最高目标，技术管理的经济性是以整个施工企业为对象的。企业技术管理的综合经济效益，运用投入产出的观点，计算技术投资与其经济效益效果间的比率来衡量。据此，可用技术进步年效益率来考核施工企业的技术进步工作，其表达式为

技术进步年效益率＝技术进步取得的年直接经济效益 ÷ 年施工产量成 100%

企业的施工产值一般是逐年增加的，这就促使企业通过加强技术管理推进技术进步，提高经济效益，保证技术进步年效益率的稳步增长。

第二节　技术管理的基础工作

在工程项目实现质量、工期、成本、安全等预定目标的进程中，为充分发挥技术管理的保证作用，必须做好各项基础工作。施工技术管理的基础工作是指为实现施工企业技术管理、实现技术管理的任务、创造技术管理的客观有利条件而应事先做好的一系列最基本的工作。

一、建立技术管理组织系统及管理制度

（一）技术管理组织系统

1. 企业组织系统

企业设总工程师和技术管理部门，对各工程项目的技术管理工作实行集中统一领导、通过各项管理活动，对各工程项目在施工全过程中的技术要求，包括现代化施工水平、施工技术难点等进行预测、预控，对施工技术力量进行综合协调平衡。充分发挥企业的整体技术优势，对高难度的技术问题组织攻关，保证各项目的施工活动正常、有效地进行。

2. 项目组织结构

项目经理部设项目总工程师和负责项目施工全过程技术管理职能的机构，针对具体工

程项目的技术需要开展工作。该机构的职能人员来自企业技术管理部门，在业务上受企业技术管理部门的指导。参与项目施工的作业层施工队的项目技术负责人和单位工程技术负责人，在业务上受该项目的施工技术管理机构领导。项目总工程师、施工队项目技术负责人和单位、工程技术负责人，在项目施工期间应保持相对稳定。

（二）管理制度

公路工程施工具有分散、多变和内容繁杂等特点，难以进行连续的规律性强的技术管理。然而，建立健全严格的技术管理制度，把整个企业的技术管理工作科学地组织起来，使技术活动无论在室内还是作业现场，都有明确的目标、具体的内容和严格的检查制度，从而增强技术活动的可操作性和可检验性，保证管理工作有章可循，这对于有条不紊地、有目的地开展技术工作，建立正常的生产技术秩序都有很重要的意义。

管理制度的内容决定于施工管理体制和管理水平，难以形成统一的标准或规定。一般认为，根据在施工过程中通常开展的技术活动，应主要建立以下几种管理制度。

1. 图纸会审制度

（1）概述。

图纸会审是一项极其严肃和重要的技术工作，认真做好图纸会审，对减少施工图纸中的差错，保证和提高工程质量具有重要作用。搞好图纸会审工作，首先要求参加会审的人员熟悉图纸。各专业技术人员在领到施工图纸后首先必须认真地全面了解图纸，搞清设计图纸及技术标准的规定要求，还要熟悉工艺流程和结构特点等重要环节。

（2）图纸会审的步骤。

①初审。初审指在熟悉图纸的基础上，在某专业工种内部组织有关人员对本专业工种施工图的所有细节进行审查。

②内部会审。内部会审是指施工企业内部各专业工种之间对施工图纸的会同审查，其任务是对各专业、各工种间相关的交接部分，如设计高程、尺寸、施工程序配合、交接等有无矛盾；施工中协作配合作业等事宜做好仔细会审。

③综合会审。综合会审是指在企业内部会审的基础上，由土建施工单位与各分包施工单位共同对施工图进行全面审查。图纸综合会审工作，一般由建设单位负责组织，设计单位进行技术交底，施工单位参加。

（3）图纸会审的主要内容。

在各阶段会审工作中，抓住施工图的主要内容，与现行的国家技术标准及经济政策对照进行会审。图纸会审主要内容见表9—2。

表 9—2　图纸会审主要内容

图纸会审主要内容	1. 施工图是否符合现行的国家技术标准及经济政策的有关规定
	2. 施工的技术设备条件能否满足设计要求；当采取特殊的施工技术措施时，现有的技术力量及现场条件有无困难，能否保证工程质量和安全施工的要求
	3. 有关特殊技术或新材料的要求，其品种、规格、数量能否满足需要及工艺规定要求
	4. 安装工程与安装工程的设备与管线的接合部位是否符合技术要求
	5. 安装工程各分项专业之间有无重大矛盾
	6. 图纸的份数及说明是否齐全、清楚明确，图纸上标注的尺寸、坐标、高程及地上和地下工程与道路交会点等有无遗漏和矛盾

（4）图纸会审记录

图纸经过会审后，会审组织者应将会审中提出的有关设计问题、需及时解决的建议做好详细的记录。图纸会审记录上应填写单位工程名称、设计单位、建设单位和主持单位以及参加审核人员名单等。对会审提出的问题，凡是设计单位变更修改的，应在会审记录"解决意见"栏内填写清楚，尽快地请设计部门发"设计变更通知单"，施工时按"设计变更通知单"执行。

2. 施工日记和施工记录制度

施工日记是在整个施工阶段，对施工活动（包括施工组织管理和施工技术）和施工现场情况变化的综合性记录。从开始施工时，就应以单位工程技术负责人为主，全体技术人员参与，按单位工程分别记录，直至工程竣工。施工日记应逐日记录，不允许中断，必须保证其完整。在工程竣工验收时，施工日记是质量评定的一项重要依据。施工日记在工程竣工后，由承包单位列入技术档案保存。施工日记的主要内容如下：

（1）日期、气候。

（2）工程部位、施工队组。

（3）施工活动记载。施工活动记载主要包括以下内容：

①主要分部、分项工程施工的起止日期。

②施工中的特殊情况（停电、停水、停工等）记录。

③质量、安全、设备事故（或未遂事故）发生的原因，处理意见和处理方法的记录。

④设计单位在现场解决问题的记录，若设计变更，应由设计单位出具变更设计联系单。

⑤改变施工方法，或在紧急情况下采取的特殊措施和施工方法的记录。

⑥进行技术交底、技术复核和隐蔽工程验收等的摘要记载。

⑦有关领导或部门对该项工程所做的指示、决定或建议。

⑧其他活动，如混凝土、砂浆试块编号、日期等。

施工记录是按照工程施工技术、规范及验收规范中的规定填写的各种记录，是检验施工操作和工程质量是否符合设计要求的原始数据，其中有些记录（如隐蔽工程、地质钻孔资料等），须经有关各方签证后方可生效。作为技术资料，在工程完工时，应交建设单位列入工程技术档案保存。

3. 技术交底制度

技术交底是为了使参与施工任务的全体职工明确所担负工程任务的特点、技术要求，施工工艺等，做到心中有数，以利于有计划、有组织、又快又好地完成任务。技术交底工作原则上应在正式施工前做好。

工程施工前必须进行技术交底，交底记录是施工管理的原始技术资料。交底内容包括：合同有关条款、设计图、设计文件规定的技术标准、施工技术规范和质量要求、施工进度与总工期，使用的施工方法和材质要求等技术交底的方式。施工阶段技术交底的方式要求与内容见表9—3。

表9—3 施工阶段技术交底的方式、要求与内容表

施工阶段技术交底的方式	施工阶段技术交底的方式要求与内容
技术交底方式	1. 技术交底应按不同层次、不同要求和不同方式进行，应使所有参与施工的人员掌握所从事工作的内容，操作规程方法和技术要求 2. 项目经理部的技术交底由项目经理组织，项目总工程师主持实施 3. 工长（技术负责人）负责组织向本责任区内的班组交底 4. 对于分包工程，项目经理部应向分包单位详细地就承包合同中有关技术管理、质量要求、工程监理和竣工验收办法以及合同规定中双方应承担的经济合同法律责任等内容进行全面交底
技术交底内容	1. 承包合同中有关施工技术管理和监理办法，合同条款规定的法律、经济责任和工期 2. 设计文件、施工图及说明要点等内容 3. 分部、分项工程的施工特点，质量要求 4. 施工技术方案 5. 工程合同技术规范、使用的工法或工艺操作规程 6. 材料的特性、技术要求和节约措施 7. 施工措施 8. 安全、环保方案 9. 各单位在施工过程中的协调配合、机械设备组合、交叉作业及注意事项 10. 试验工程项目的技术标准和采用的规程 11. 适应工程内容的科研项目。"四新"项目等先进技术推广应用的技术要求

4. "四新"试验制度

"四新"试验是指新材料、新结构、新工艺、新技术实验。正式施工前，在做好技术准备工作的基础上，要进行和通过有关试验。组织试验的程序如下。①拟定试验的技术规程，包括工艺规程和操作规程；②组织现场试验；③根据现场试验结果，修订原拟定的技术规程；④根据试验修订后的技术规程，对有关的技术工种、组织人员进行培训；⑤对操作人员进行考核，考试合格后才能上岗。

5. 材料、构（配）件检验制度

材料、构配件质量的优劣，很大程度上决定了公路工程产品质量的好坏。正确合理地使用材料、构配件是确保工程质量、降低成本、减少原材料的关键，因此，应重视材料、构配件的试验检验工作。

凡用于施工的原料、材料、构配件等物资，必须由供应部门提供合格证明文件。对于

那些没有合格证明文件，或虽有证明文件但技术领导或质量管理单位认为有必要时，在使用前应按规定程序进行抽查、复验、证明合格后，才能使用。

为了做好材料构配件的检验工作，施工企业及各个项目经理部都应根据需要，建立健全实验、试验机构，配备试验人员，充实仪器设备。严格按照国家有关的试验操作规定，对各种材料进行试验，为工程选定各种合格优质的原材料，提供各种施工配合比，作为施工的依据。

凡初次使用的材料、结构件或特殊材料、代用材料，必须经过试验的鉴定，并制定操作规程，经上级领导批准后，才能正式用于施工或推广应用。

6. 安全施工制度

公路项目施工的特点是点多、面广且流动面大、工种多，常年露天作业，深水和高空作业、立体交叉作业多，因此不安全因素较多。安全施工要以预防为主，消除事故隐患，一定要克服麻痹思想，重视劳动保护，提高企业施工队伍的安全意识，真正做到"安全生产，人人有责"。

7. 工程验收制度

工程验收是检查评定工程质量的重要一环。在施工过程中除按有关质量标准逐项检查操作质量以外，还必须根据公路工程的施工特点，对隐蔽工程、结构工程和竣工工程进行验收。

（1）隐蔽工程验收是指那些在施工过程中上一工序的工作结果，被下一工序所掩盖，今后无法进行复查的工程部位。例如，湿软地基的换填层、挡土墙及涵洞的基坑和基础、钢筋混凝土工程中的钢筋等。因此，这些工程在下一工序施工前，应由作业层技术人员通知工程监理人员，对隐蔽工程进行检查、验收并认真办好隐蔽工程验收签证手续。做好隐蔽工程验收是保证工程质量，防止留下质量隐患的重要措施。对于公路工程，隐蔽工程项目的主要内容如下：

①软基处理素砼施工隐蔽检查，主要内容包括：原地面清表及碾压情况；按照设计图纸要求画出布桩平面图，检查布桩根数和间距是否满足图纸要求；桩长及桩径尺寸检查；碎石垫层的厚度及钢塑土工格栅搭接长度；留存现场检查的照片及音像资料，按照分部、分项工程划分编号和存档。

②涵通基础及地基承载力、碎石垫层、八字墙基础，主要内容包括：检查基底平面位置、尺寸大小、基底标高；检查基底地质情况和地基承载力是否与设计资料相符；检查基底处理和排水情况是否符合公路桥涵施工技术规范要求；检查施工记录及有关试验资料等；检查碎石垫层厚度；基槽（坑）的几何尺寸和槽底标高或挖土深度应符合设计要求。如有局部加深、加宽者，应附图说明其原因及部位；基槽施工中遇有坟穴、地窖、废井、旧基础、管道、泉眼、橡皮土等局部异常现象时，应将其所处部位、深度、特征及处理方法进行描述并有附图说明；对地质复杂或重要的工程，对地基变形有特殊要求以及地基开挖后

对地基土有疑义的工程，应根据设计要求或验槽磋商的意见进行有关试验。经过技术处理的地基基础及验槽中存在的问题，处理后须进行复验，复验意见和结论要明确，签证应齐全，必要时应有勘查部门参加并签字。

③混凝土灌注桩钢筋笼，主要内容包括：混凝土灌注桩钢筋笼必须在钢筋检验批质量验收合格后，提请质监部门进行隐蔽工程验收并填写隐蔽工程验收记录；放置钢筋笼前，应对原材料、钢筋连接件、钢筋笼进行检查；主筋、箍筋直径、间距和长度应符合设计和规范要求；钢筋的材质检验应符合设计要求；钢筋笼埋置位置应符合设计要求。

④钢筋混凝土工程，主要内容包括：钢筋混凝土工程钢筋必须在钢筋检验批质量验收合格，在模板合模前或浇捣混凝土前，提请有关单位进行隐蔽工程验收并填写隐蔽工程验收记录。纵向受力钢筋的品种、规格、数量、位置等必须符合设计和规范要求。钢筋的连接方式、接头位置、接头数量、接头面积百分率等必须符合设计和规范要求。箍筋、横向钢筋品种、规格、数量、间距等必须符合设计和规范要求。预埋件的规格数量、位置等必须符合设计要求。重要构件的钢筋结点隐蔽应附简图。

（2）中间验收。

中间验收是在分部或单位工程施工过程中，经由监理工程师隧道工序检查认可的基础上，待该项目工程完工后，再由项目经理部总工程师及时通知监理工程师，对工程质量进行全面检查和评定。

中间验收的内容包括：感官验收，即检查工程外观质量是否符合质量标准和设计要求；各项工程技术鉴定，包括原材料试验、试块强度、隐蔽工程验收、技术复核、质量评定，必要时需进行实测或复验。中间验收合格后，须由双方共同签字留证。

（3）竣工验收。

竣工验收由建设业主、监理工程师和工程承包施工方共同组织，对所建项目进行全面的、综合的、最终的检查验收。验收的依据是承包合同和有关的通用工程质量验收管理办法及标准等。在交工过程中，若存在不合格的项目，应限期修复完工，到时候再行验收，直至合格。竣工验收合格后，应评定质量等级，办理工程交接手续，存入技术档案，同时开放交通。这时，施工方应将工程使用管理权交还建设业主，但施工方仍负有一定期限的保修职责。

8.变更设计制度

施工图的修改权为设计单位及项目设计者所拥有，施工单位只能按施工图进行施工。未经设计单位及项目设计负责人允许，施工单位无权修改设计。若施工方提出工程变更，施工方须向监理方提出工程变更要求，监理方确定合理性和可行性，提出对进度和费用相应变化的建议并向业主方提交，业主方依据审批权限批准并通知设计方出设计变更文件，交总监工程师签发《工程变更通知》后方可实施。若设计方提出设计变更要求，应由监理方确定变更的可行性，并对进度和费用向业主方提交审核意见，业主方依据审批权限批准，并通知设计方签发设计变更文件，交总监工程师签发《工程变更通知》后方可实施。若监理方提出应变，应由监理工程师提出变更，并列明进度及费用意见；业主方依据审批权限批准，并通知设计方出设计变更文件，交总监工程师签发《工程变更通知》后方可实施。

9. 工程质量检验评定制度

（1）各工序施工完毕后应按《公路工程质量检验评定标准》（JTGF80—2004）进行质量评定，及时填写工序质量评定表，检查项目、实测项目填写齐全，签字手续完备。

（2）部位工程完成后及时汇总各工序质量评定表，填写部位质量评定表，计算部位合格率，签字手续完备。

（3）单位工程完成后及时汇总各部位质量评定表，填写单位工程质量评定表，由施工主要技术负责人签字，加盖单位印章作为竣工验收和质量监督部门核定质量等级的依据之一。

10. 技术总结制度

（1）概述。

工程完工后，项目经理部应及时组织有关人员编写工程技术总结，科研课题、"四新"项目的负责人，在课题或项目完成后应及时撰写专题报告和学术论文。

（2）技术总结的主要内容。

工程概况、技术难度、施工方案、主要技术措施、"四新"应用情况QC成果、出现的技术问题及处理措施、安全技术措施实施、技术管理制度、技术档案管理、技术经济效益分析。

（3）学术活动。

鼓励专业技术人员撰写与本职工作或专业相关的学术论文并以此来推动技术进步、人才的培养。

11. 技术档案制度

（1）概述。

技术档案资料是指在整个建设过程中形成的、应当归档的文件，包括基本项目的提出、调研、可行性研究、评估、决策、计划、勘测、设计、施工、调试、生产准备、竣工测试生产等工作活动中形成的文字材料、图纸、图表、计算材料、声像材料等形式与载体的文件材料。

（2）公路工程施工技术档案管理。

①项目应配备专职或者兼职人员负责工程文件材料收集，形成一套完整的竣工资料上交有关单位。

②施工过程中应按交通运输部《公路工程竣工文件材料归档范围及保管期限》的要求收集有关工程施工活动的文字材料、图纸、图表、计算材料、声像材料。

③项目竣工时，应按交通运输部《公路工程竣工文件材料立卷归档管理办法》或者按

照建设单位要求组卷归档、装订，并且在 3 个月内向上级单位及建设单位办理移交手续。

二、技术负责制

企业一般实行四级技术负责制，企业设企业总工程师、项目经理部设项目总工程师、施工队设主任工程师、单位工程设技术负责人。实行技术工作的统一领导和分级管理，推行责任制。企业总工程师是企业经理在技术管理工作和推行技术进步方面的助手，在企业经理的领导下，对企业的技术工作负全面责任。

（一）项目总工程师

项目总工程师是项目施工现场的技术总负责人，业务上受企业总工程师的直接领导，在项目经理的具体领导下，对该项目的技术工作全面负责，其主要职责如下：

（1）全面负责工程项目的技术工作和技术管理工作。

（2）贯彻执行国家的技术政策和上级提出的技术标准规范、验收规范和技术管理制度。

（3）领导编制工程项目的总体施工组织，设计、组织重大施工方案的制定和技术攻关项目的实施，审定重要的技术文件，处理重大质量事故的安全事故。

（4）领导工程竣工验收和总结工作。

（二）主任工程师

主任工程师是施工队队长在技术管理、推行技术进步和现代化管理等方面的助手，是施工队技术管理的负责人，对施工队的技术工作负全面责任。其主要职责如下：

（1）全面负责单位工程的技术工作和技术管理工作。

（2）主持编制和审定单位工程的施工组织设计，施工组织的方案制定工作。

（3）参加单位工程的图纸会审和技术交底。

（4）组织技术人员学习和贯彻各项技术政策，技术标准，技术规范，规程和各项技术管理制度。

（5）组织制定质量保证和安全技术措施，主持单位工程的质量检查，处理施工技术、施工质量和安全问题。

（6）负责单位工程的技术总结，汇总竣工资料、原始技术凭证，做到工完资料清。

（7）领导技术学习和技术练兵。

（三）技术负责人

技术负责人是施工队主任工程师在技术管理方面的助手，在施工队队长的领导下，合理安排施工顺序，具体指导作业班组按照施工图的设计要求组织施工，其主要责任如下：

（1）开工前参与施工预算编制、审定工作，工程竣工后参与工程结算工作。

（2）参与编制施工组织设计并贯彻执行。

（3）负责所管理工程的图纸审查，向工人进行必要的技术交底。

（4）负责技术复核，如中线、高程、坐标的测量与复核。

（5）贯彻执行各项专业技术标准，严格操作规程、施工规范及质量验收标准。

（6）负责材料试验准备工作，如原材料试验及混凝土等混合料的试配。

（7）向上级提供技术档案的全部资料，并整理施工技术总结及绘制竣工图。

（8）参加质量检查活动及竣工验收工作。

（四）共性的职责

虽然各级技术管理机构的职责和业务范围有所不同，但是存在以下几方面的共性职责。

（1）各级技术管理机构都要深入实际，调查研究，总结和推广先进经验，为工程项目的顺利完工创造良好条件。

（2）向各级领导提供必要的分析资料、技术情况、技术咨询、技术建议方案和措施，便于领导决策。

（3）经常检查下属各职能部门和人员贯彻执行有关技术规范和规程的情况，发现问题，及时反映。

（4）在各自的业务范围内，负责经常性的业务工作。

三、技术管理的标准化体系

技术标准和规程是技术标准化的主要内容，是组织现代化施工的重要技术保证，是组织施工和检验、评定各种筑路材料技术性能或等级的技术依据，也是检查和评定工程质量的标准。

公路工程技术管理的主要技术标准有《公路工程质量检验评定标准》（JTGF80/1—2004）、《公路工程竣工验收办法》等，还有筑路材料及半成品的技术标准和相应的检验标准，各种结构技术设计标准及技术规定等。这些技术标准大多是较高层次的行业规定，施工企业在组织施工和生产中必须认真贯彻遵守。

技术规程是技术标准的具体化、规程化。这些技术规程包括：工艺规程，规定产品生产的步骤和方法；操作规程，主要规定工人操作方法和使用工具设备的注意事项；设备维修的检修规程，规定设备维护检修的方法和要求；安全技术规程，规定施工生产过程中应遵守的安全要求、注意事项等。

技术标准和规程标准分国家标准、部级标准和企业标准三级。后者必须依据和遵循前者的标准要求，且是对前者的具体化和补充。标准和规程是在一定历史条件与技术经济条件下工程实践的总结。它不是一成不变的，必然要随着生产力的发展、技术水平的提高，每隔一定时期进行必要的补充、修订和完善，适应施工生产的技术管理需要。

贯彻执行技术标准和规程的基本要求包括：组织施工人员学习各种有关的标准和规程，

要求他们熟悉和掌握这些标准和规程，加强技术监督和检查；将技术标准和规程做必要的分解和具体化。如对工程质量标准和操作规程，从原材料开始到每道工序、半成品和成品，在每一个具体工种的施工生产过程中进行分解，制定出具体的要求，以便执行者明白技术标准和规程所要达到的目标，更好地执行。

四、收集信息和开展科学技术研究

随着科学技术和社会生产力的发展，现代化大生产的生产力要素构成已经不仅仅是劳动力、简单工具和生产资料三要素，生产要素的内涵发生了重大变化。技术和管理作为智力型生产力要素，在生产形成过程中起着越来越重要的作用。因此，要想高质量、高速度、高效益地完成工程项目的建设，必须依靠科学技术的进步。技术进步的内涵和内容，已由单纯对技术成果的开发与管理发展为"全面技术进步"的概念。在具体实施过程中，就是通过大量占用企业内外及国内外的信息资料，密切结合本企业的施工实际，以提高企业施工效益和社会信誉为总目标，针对工程项目实施过程中存在的各种问题，不断进行科学的分析、试验和研究，提出行之有效的技术方法、手段和措施，积极指导和运用于施工实际。使技术进步的巨大作用，在工程项目建设中得到更大的发挥。因此，这是一项全面的、长期的和准备性的技术管理工作，要促进这项工作积极地开展，最有效的办法就是建立固定的组织和制定明确的制度，有计划地开展活动，定期检查总结，使这项技术管理工作真正贯穿整个技术活动。

对于科技信息，必须重视信息资源，建立信息系统，组织交流。科技信息交流的内容主要包括有关资料的收集、整理和报道等。科技信息的获取方式，可采用人工和计算机检索、参观学习等，对于生产中的关键问题，可按专题系统收集资料，组织小型研讨会、专题讲座、现场交流等。

技术文件是根据施工的必要在施工过程中产生的，是技术管理的重要手段和对象。技术和保密等工作环节，都应该建立起一套严格的管理制度，以保证技术文件的完整性、正确性和及时性。文件的内容十分丰富，主要包括各种施工图纸和说明书、各种技术标准以及施工中的记录、签证材料等有关的技术档案。技术文件的管理应根据实际需要建立健全专职管理机构。总公司和公司一级应建立技术档案资料室，项目经理部等基层单位应做好装订、归档、保管、借用和保密等环节，建立起一套严格的管理制度，保证技术文件的完整性、正确性和及时性，满足施工生产和科学研究的需要。

第三节　施工技术管理

一、施工准备阶段的技术管理

施工准备阶段的技术管理是为了创造有利的施工条件，保证施工任务顺利完成。其主要工作内容及基本任务是了解和分析建设工程特点、进度要求，摸清施工的客观条件，编制施工组织设计，合理部署和全面规划施工力量，制定合理的施工方案，充分、及时地从技术、物资、人力和组织等方面为工程施工创造一切必要的条件，使施工过程连续地、均衡地、有节奏地进行，保证工程在规定期限内交付使用，同时使工程施工在保证质量的前提下，做到提高劳动生产率和降低工程成本。在施工准备的诸项工作中，以网络计划技术为手段的施工组织设计的编制应列为中心内容。

施工组织设计既是指导一个工程项目进行施工准备和施工的基本技术经济文件，又是企业做好项目之间动态平衡的依据。根据各工程项目的施工组织设计，企业可在人力和物力、时间和空间、技术和施工组织上做出一个全面合理的安排，最大限度地满足人力、财力、物资、机械等在项目之间的合理流动，达到在动态中实现平衡的目的。项目动态管理加快了各项工作的节奏，施工组织设计的编制也适应动态管理的需要。为此，应采取以下两项措施。

1. 加强施工组织设计编制的组织工作

在工程承包合同签约以后，及时组织编制。大型工程项目由企业总工程师领导，企业技术管理部门具体组织，项目经理部及参加施工作业层有关人员具体编写。中小型项目由项目总工程师组织项目经理部技术管理机构和参加施工的作业层有关人员一起编写。为了加快编制进度，由组织编制者将编写内容列出提纲，对参加编写的人员明确分工，落实责任到人，限定时间完成，再由主编汇总整理，组织讨论，修改定稿。编制过程中尽可能将文稿录入计算机，采用专业软件进行处理，最后将成果送技术管理部门审核。大型工程项目的施工组织设计报企业总工程师审定，企业经理批准中小型项目由项目总工程师审定、项目经理批准。

2. 管理标准化

施工组织设计的编制依据、编写格式、基本内容和编写审批程序应有统一规定，实行标准化管理。编制时尽可能采用图表形式，为组织集体编写创造条件。施工组织设计的编写内容包括工程概况、工程施工任务量、施工综合进度控制计划、施工资源安排、重点工程的施工方案和技术组织措施、工程质量管理和安全施工措施、施工总平面图布置、物资供应管理、预计存在的问题等。

二、施工过程中的技术管理

施工过程中的技术管理即施工现场技术管理，是施工技术管理的主要内容。项目经理部为了实现质量、工期、成本、安全的预定目标，搞好现场文明施工，必须加强施工过程的技术管理，其主要内容如下：

（1）搞好图纸会审，坚持按图施工。

（2）编制并优化施工方案或施工措施，包括施工技术组织、降低成本措施、合理化建议等。

严格按照施工组织设计和施工方案的各项要求组织施工，做好技术交流，认真执行规范和规程，保证施工质量和施工安全。

（3）及时检查施工进度和计划执行情况，并根据实际变化有效地调整资源使用计划，确保工程按期完成。

（4）认真做好施工记录和隐蔽工程检查记录。

（5）做好施工技术资料的积累和整理，确保与施工进度同步。

在项目动态管理过程中，施工节奏快，工序施工周期短，人员流动频繁。因此，各种施工记录和隐蔽工程检查记录以及一切施工技术资料的积累必须及时，与施工进度保持同步。在施工过程中，记好施工日志，按规定填写各种交工技术表格，由各有关人员签证认可，并办理质量评定验收手续。对于每个分部工程，一旦施工完毕，必须及时将施工结果的真实情况记录在案。为此，项目经理部应结合网络计划节点考核，同时考核施工技术资料的积累是否与工程进度保持同步。企业管理部门也应定期组织到各项目施工现场巡回跟踪服务，检查和督促这项工作的开展情况。

在施工过程中推行技术系统目标控制管理，对顺利完成各项技术管理工作是非常有效的。技术系统目标管理是方针目标管理在技术系统管理中的具体应用。其要求从技术管理、质量管理、安全技术、试验检测、计量管理、技术进步等方面，将方针目标层层展开，抓住主要控制环节，制定出实施对策并明确责任单位和完成日期。其核心是用现代化的管理技术与方法实行目标预控，体现管理的先导性和规范性。其措施和方法是从基础工作入手，进行全过程与全员的控制，并通过层层相关的计划—执行—检查—总结循环运作，在动态中逐个实现分解的具体目标，从而在项目实施过程中保证总目标的最终实现。

三、竣工验收阶段的技术管理

（一）概述

竣工验收是工程施工的最后一个环节，是全面考核施工成果、检验施工质量的重要技术管理阶段。它开展的主要工作如下：

（1）组织试验人员进行以试通车为主的全面实验检查。

（2）按单位工程组织预验收，填报竣工报告。

（3）整理交工报告，编写技术总结。

（4）向业主及监理工程师办理竣工验收和交工技术文件归档。

竣工验收阶段时间短，工作量大。因此，在该阶段应特别重视做好交工资料的收集和整理并与工程完工尽可能同步，保证迅速交工。

交工技术资料的整理有两项内容。一是将平时积累的资料审查整理，检查有无错项和遗漏，使之成为一套完整齐全、先后有序、真实可靠、质量达标的竣工资料。二是竣工图的绘制。由施工企业负责绘制的竣工图有两种情况。一种是按原图施工没有变动的，只要在原施工图上加盖"竣工图"章后，即作为竣工图归档。这种情况比较简单，工作量不大。另一种情况是在施工中仅作一般性设计变更，要求在施工图上说明修改的部位，并附上设计变更文件，或直接在施工图上修改，再加盖"竣工图"章。作为竣工图，这种情况的工作量较大。为了减少工作量，提高功效，缩短绘制时间，可采用刻有"此处有修改，见××号设计变更联络笺"和"此处有修改，见×月×日技术签证"的印章，并印在施工图的修改部位附近，再填上联络笺字号或技术签证日期，最后再加盖"竣工图"章。

为了抓紧、抓好交工验收及竣工验收工作，作业层和项目经理部必须在工程竣工后一定时间（一般是1个月）内，将交工技术资料和竣工图整理装订成册，送交项目监理工程师审核，在一个月内与业主办理手续并返回技术资料一份，送交企业综合档案室存档。这一工作应视为施工进度控制网络计划延伸的最后一个节点，列入节点考核内容。

（二）[案例9—1] 某公路路基滑塌事故

1. 工程背景及事故经过

某高速公路分4个阶段施工，其中软基段长达14km，该段软基处理采用清除鱼塘淤泥及田地杂物，回填河沙至地表，再铺设60cm厚的沙砾垫层，打塑料板间距1.2m，长度为11m，其上铺两层土工布，土工布之间是50cm沙，第二层土工布上仍是填沙。施工单位自2012年3月底开始施工到2012年10月底填沙已达到设计标高。路基填筑高度为4m左右，后因邻近的立交桥标高提高，线路纵坡重新调整。2012年12月路基填筑高度增加2.32—2.85m，施工单位接到变更设计图纸后继续施工，到月底路基填筑高度高达5.8m；次年元旦，该段路基发生了滑塌，路基平均下沉2m，工人L、H正在此段填筑土，L及时跳离逃生，H则随路基滑下，后被救起，经医院抢救1h后死亡。

2. 事故原因分析

（1）技术方面。

该段路基由于变更设计，路基标高平均提高2.5cm左右，使填土高达7m多，设计单位对此段路基，仍按打塑料板加铺土工布的排水固结方法处理，而未增设反压护道，这在设计上是不安全的。施工单位在施工中，未能严格按照高速公路技术规范关于软基段路基填筑时，路基竖向沉降每日不能超过 1.5cm，坡角水平位移每日不能超过 0.5cm 的要求控制填土速率和进行沉降监测。

（2）管理方面。

①设计单位对设计方案考虑欠周全。

②施工方案未经严格审核，更没有按规范编制专项的工程安全施工组织设计。

③缺乏专门的管理人员进行现场指挥和监管。

3.事故结论与教训

（1）事故的主要原因。

本次滑塌事故的主要原因是设计上缺乏经验，施工时又没有严格控制填土速率和沉降观测。

（2）事故性质。

本次事故属于责任事故，建设单位设计方案不合理，项目部缺乏施工经验，盲目施工。

（3）主要责任。

建设单位和施工单位均缺乏足够的经验，理论上研究不够、不系统、不全面，致使在设计上、施工上都出现失误，因此建设单位和施工单位均应承担部分事故责任。

4.预防对策

（1）在设计上，首先对软基进行详细的勘查。对软基在勘察设计上钻探点要加密，设计上要精益求精，对不同情况的软基，要考虑不同的设计方案。

（2）在施工方面，软土路基填筑时，必须严格控制填土速率或进行沉降监测，避免盲目施工，路基填筑时，在软基中产生的附加应力增长与软基的强度增长相适应。要达到这个目的，除设计上的考虑外，施工中路基的沉降及水平位移观测都是十分重要的。

（三）[案例 9—2]某大桥模板支架加载预压垮塌事故

1.工程背景及事故经过

某高速公路大桥为 21m+34m+21m 三跨预应力变截面连续空心板，柱式墩，钻孔灌注桩基础，桥宽 19m。施工单位为某某局，监理单位为某某监理咨询有限责任公司。

2013 年 7 月，施工单位开始进行支架模板预压试验施工，采用袋装沙堆加载试验法，分 5 段进行。9 月 23 日开始进行第四段试验，加载应达 1065t。

9 月 25 日早上 6 点 45 分，施工负责人李某某、刘某指挥 51 名工人进行堆沙袋作业。

9 点 10 分，当堆到距模板约 2.5m 高，堆沙质量达 700t 时，支架模板突然发生整体垮塌，在模板上堆沙的作业人员随垮塌的支架模板上的沙包掉到 10m 深的壕沟，其中 27 名人员被支架模板、沙包埋压，造成 6 人死亡、20 人受伤的重大事故。

2.事故原因分析

（1）直接原因。

①施工过程擅自改变施工方案，支架体系存在严重隐患。

②堆沙不均匀造成支架体系失稳。

由于钢管立柱柱基不坚实，产生了一定的竖向和水平位移，桥梁施工支架支撑体系侧向约束薄弱，在堆荷过程的外力作用下，由于支撑体系的局部变形引发支撑体系整体失稳破坏，造成支架垮塌事故。从现场观察和资料查阅情况来看，支架体系在实施中存在以下几个主要问题：

（1）原设计单位要求的施工方案为满堂式支架。为保持支架下市政道路的通车要求，施工单位将满堂式支架的大部分改为贝雷支架且未办理相关的更改和报批手续。

（2）支撑体系的搭设存在比较明显的隐患和缺陷。

（3）对加载过程中引起的支架变形没有跟踪观测，不能适时了解支架加荷过程中的变形情况，以便及时发现险情并采取有效措施确保安全；加载过程带有盲目性，施工中对支架进行加载时现场较乱，未能按一定的顺序加载。

综上所述，施工单位在本项目支架施工过程中违反了《公路施工安全技术规程》中"地基承载能力应符合标准，否则应采取加固措施"以及"支立排架要按设计要求施工，应有足够的承载能力和稳定性"的规定。同时，施工中还违反了《公路桥涵施工技术规程》中设计应绘制支架总装图、细部构造图，以及支架的立柱应保持稳定并用撑拉杆固定的要求。总而言之，这次事故是不完善的施工设计、不规范的施工作业，导致支架体系失稳而发生垮塌。

（2）间接原因。

①技术管理混乱，支架设计和预压试验方案未按规定程序审批。

②施工现场管理混乱，堆沙作业未按程序堆放。

③未对临时招用的堆沙人员进行必要的安全教育。

④工程监理不严，对施工设计方案未经审批，支架体系存在明显隐患，未采取有效措施予以制止并及时向上级反映。

⑤对监理单位的监理工作监督检查不力。

⑥施工安全监督管理不严。

3.经验教训

交通运输部经过认真调查研究后认为，施工单位在施工方案变更未得到监理批准的情况下擅自施工，不符合有关程序的规定。贝雷支架的搭设存在明显缺陷和隐患，整体稳定性差。如钢管立柱的底板与地面无固定连接，各贝雷梁之间缺少斜向支撑，特别是另增加的1排7根立柱直接顶在贝雷梁上，无水平连接，在加载的情况下，改变了受力结构，导致侧向失稳；现场技术力量薄弱，管理混乱。施工单位仅有一名技术人员，其余均为民工，施工单位未按要求对民工进行安全教育堆沙作业程序不规范，产生不均匀荷载。也未按要求派人观测预压时支架的变形情况。因此，施工单位应对该事故负主要责任。

交通运输部就本起事故通报批评了现场监理人员素质不高，未能履行监理工程师应尽的职责，负责该桥的现场监理工程师杨某知该施工方案未经批准而施工，未能及时制止，也未向上一级监理工程师汇报，对支架存在的问题也未能及时发现并指出。所以，监理单位应对事故负次要责任。

项目法人单位和项目总监理办公室对该事故也负有一定的管理责任。

根据国家有关法律法规和规章的规定，经研究，除省交通厅已对事故有关单位做出的处理决定外，交通运输部对有关责任单位和个人做出以下处理决定。

（1）根据《公路建设市场准入规定》第二十条、《公路工程质量管理办法》第四十一条规定，决定对××集团有限公司通报批评，对具体承担该工程施工任务的××集团有限公司第×工程公司取消2年资信登记，自通报之日起，2年内不得承担公路工程施工。建议施工企业资质管理部门吊销其施工资质证书或降级。

（2）根据《公路水运工程监理单位资质管理暂行规定》第二十四条、《公路水运工程监理工程师资质管理办法》第二十七条规定，对监理单位某某监理咨询有限责任公司通报批评，现场监理人员3年内不得申报交通运输部监理工程师资格，建议项目法人追究该项目总监理工程师的责任。

（3）其他处理意见。

①技术负责人陈某，擅自改变已存在缺陷的设计方案，致使实际施工方案存在严重隐患，对本起事故负直接责任，建议司法机关依法追究其刑事责任。

②第五工程队负责人李某某、刘某，在没有设计方案的情况下，即组织开工搭设支架模板，现场劳动组织管理混乱，造成堆沙不均匀，对本起事故负直接责任，移交司法机关依法追究其刑事责任。

③驻地监理办公室负责该项目监理的杨某，未认真履行监理职责，对本起事故负直接责任，移交司法机关依法追究其刑事责任。

④分管施工的项目部副经理张某，对该项目施工组织管理不力，严重失职，对本起事故负直接责任，移交司法机关依法追究其刑事责任。

⑤项目部经理某某某，对该工程施工组织管理不力，对本起事故负主要领导责任，建议纪检监察机关按干部管理权限依照有关规定，给予其党纪、政纪处分。

⑥承包人××指挥部总指挥某某某，未对该项目施工实施有效的监督检查，对本起事故负重要领导责任，建议纪检监察机关按干部管理权限依照有关规定给予其党纪、政纪处分。

⑦驻地监理工程师吴某，对该项目施工监理不力，对本起事故负主要监理失职的责任，建议有关部门吊销其监理工程师资格证。

⑧高速公路有限责任公司总监办驻×县代表处负责人吴某，未认真履行监督检查职责，对驻地监理工作监督检查不严，对监理人员资格把关不严，对本起事故负重要领导责

任，建议纪检监察机关按干部管理权限依照有关规定，给予其政纪处分。

⑨××高速公路有限责任公司分管安全工作的副总经理钟某，对该项目施工安全管理不严，对本起事故负有重要领导责任，建议纪检监察机关按干部管理权限依照有关规定，给予其政纪处分。

⑩××市交通局、××市高速公路有限公司董事长兼总经理黄某某，对该工程施工安全重视不够，对本起事故负有一定责任，责成其向××市政府做出深刻书面检查。

⑪建议有关部门对×××监理咨询有限责任公司给予资质降级处理并给予经济处罚。

⑫建议有关部门对承包人××集团有限公司第×工程公司（第×工程处）给予资质降级处理并给予经济处罚。停止在××省招投标2年。

⑬承包人××集团有限公司必须依照有关规定，对在本起事故中伤亡的人员给予抚恤、补偿。

4. 预防对策

（1）要充分认识安全生产工作的极端重要性，认真贯彻"安全第一、预防为主"的方针，深入排查安全隐患和管理漏洞，认真研究确定施工方案并按规定程序审批。特别要加强对施工设备关键部位突发意外的事前防范，制定有效的技术措施和应急救援预案。要加强对支架模板预压试验施工的安全技术交底工作。

（2）采取强有力的监控措施，发现异常状况，应及时采取措施。

（3）建立安全生产责任制，落实各级管理人员和操作人员的安全职责，做到纵向到底，横向到边，各自做好本岗位的安全工作。公司领导应提高安全生产意识，加强对下属工程项目安全生产的领导和管理，下属工程、项目部必须配备安全专职干部。对临时招用的施工人员也要进行必要的安全教育。

（4）建立健全安全生产规章制度和操作规程，加强对职工的安全生产知识和操作规程的培训教育，提高职工的自我保护意识和互相保护意识，严禁违章作业，吸取事故教训，落实安全防范措施，确保安全生产。法人代表、项目经理、安全员按规定参加安全生产知识培训，做到持证上岗。

（5）项目管理中应增强合同管理的规范化，清晰界定相关单位的职责，应重视常规工艺的施工安全。工程开工前应明确危险源，有条件的应进行风险评估，并落实防控措施和人员；对施工工艺的论证和对材料的检测一定要重视，严格按规范执行，对需要进行监控的项目严格按照合同和有关规范执行。

（6）要加大安全管理责任的落实力度，加强对施工设备特别是特种设备的安全技术检查，督促企业实现安全目标。

（7）加强对监理人员相关专业的技术培训，提高监理人员素质，切实履行监理职责。

（8）政府主管部门及业主单位要对高速公路项目施工实施有效的监督检查，加强安全监管，正确处理安全生产和经济效益的关系。

第十章 公路工程施工信息管理

第一节 概述

本章讲述了信息及信息管理的基本概念、信息的种类，项目信息的概念、分类及其表现形式与流动形式，项目信息管理；详细叙述了项目管理信息系统的概念、作用及构成，项目管理信息系统的信息流通模式，项目管理信息系统的设计开发以及项目管理信息系统的结构与功能，介绍了国内外常用的项目管理软件 Primavera6.0、Microsoft Project 等以及这些软件的功能特点。

一、信息及信息管理

信息是指用口头、书面或电子的方式传输（传达、传递）的知识、新闻以及可靠的或不可靠的情报。在管理学领域，信息通常被认为是一种已被加工或处理成特定形式的、对组织的管理决策和管理目标有参考价值的数据。

1. 表现形式

信息的表现形式多种多样，主要可归纳为四种：一是书面材料，包括信件及其复印件、谈话记录、工作条例、进展情况报告等；二是个别谈话，包括给工作人员分析任务、检验工作、向个人提出的建议和帮助等；三是集体口头形式，包括会议、工作人员集体讨论、培训班等；四是技术形式，包括录音、电话、广播等。

2. 信息种类的特性

（1）真实性和准确性。信息是对事物或现象的本质及其内在联系的客观反映，真实性和准确性是信息的价值所在，只有真实准确的信息才能为项目决策服务。

（2）时效性和系统性。信息随着时间的流逝与系统的改变而不断变化，在项目管理实践中不能片面地处理和使用信息；而反映管理对象当前状态的信息如果不能及时传递到相关控制部门，造成目标控制失灵，信息就失去了其在管理上的价值。

（3）可共享性。信息可以被不同的使用者加以利用，而信息本身并没有损耗。项目利益相关方或项目组内成员可以共同使用某些信息以实现其管理职能，同时项目信息共享也促进了各方的协作。

（4）可替代性。信息包括技术情报，专利、非专利技术，新工艺、新材料、新设备等，获取和使用后可以节约或代替一些物质资源。

（5）可存储性和可传递性。信息可以通过大脑、文字、音像、数字文档等载体进行存储；通过广播、网络、电视、电报、传真、电话、短信等媒介进行传递和传播。

（6）可加工性。信息可以进行形式上的转换，可以由文字信息转换成语言信息，由一类语言信息转换成另一类语言信息，由一种信息载体转换成另一种信息载体，也可以由数学统计的方法加工处理得出新的有用信息。

信息管理是指对人类社会信息活动的各种相关因素（主要是人、信息、技术和机构）进行科学的计划、组织、控制和协调，以实现信息资源的合理开发与有效利用的过程。它既包括微观上对信息内容的管理，信息的组织、检索、加工、服务等，又包括宏观上对信息机构和信息系统的管理。

二、项目信息及其分类

项目信息是指计划、报告、数据、安排、技术文件、会议等与项目决策、实施和运行有关联的各类信息，这些信息是否准确，能否及时传递给项目利害关系者，决定着项目的成败。项目信息分类及其主要内容见表 10—1。

表 10—1　项目信息分类及其主要内容

依据	信息分类	主要内容
管理目标	质量控制信息	与质量控制直接相关的信息：国家、地方政府或行业部门等颁布的有关质量政策、法令法规和标准等，质量目标的分解图表、质量控制的工作流程和工作制度、质量管理体系构成、质量抽样检查数据，各种材料和设备的合格证、质黄证书，检测报告等
	进度控制信息	与进度控制直接相关的信息：项目进度计划，施工定额，进度目标分解图表、进度控制工作流程和工作制度、材料盒设备到货计划、各分部分项工程进度计划，进度记录等
	成本控制信息	与成本控制直接相关的信息：项目成本计划，施工任务单，限额领料单，施工定额，成本统计报表，对外分包经济合同，原材料价格、机械设备台班费、人工费、运杂费等
	安全控制信息	与安全控制直接相关的信息：项目安全目标，安全控制体系、安全控制组织和技术措施，安全教育制度、安全检查制度、伤亡事故统计，伤亡事故调查与分析处理等
生产要素	劳动力管理信息	劳动力需用量计划、劳动力流动、劳动力调配等
	材料管理信息	材料供应计划、材料库存、存储与消耗、材料定额、材料领发及回收台账等
	技术管理信息	各项技术管理组织体系、制度和技术交底、技术复核、已完工程的检查验收记录等
	资金管理信息	资金收入与支出金额及其对比分析、资金来源渠道和筹措方式等
管理工作流程	计划信息	各项计划指标，工程实施预测指标等
	执行信息	项目实施过程中下达的各项计划、指示、命令等
	检查信息	工程的实际进度、成本、质量的实施状况等
	反馈信息	各项调整措施、意见、改进的办法和方案等

信息来源	内部信息	来自项目的信息,如工程概况、项目的成本目标、质量目标、进度目标、施工方案、施工进度、完成的各项技术经济指标、项目经理部组织、管理制度等
	外部信息	来自外部环境的信息:如监理通知、设计变更、国家有关的政策及法规、国内外市场的有关价格信息、竞争对手信息等
信息稳定程度	固定信息	在较长时期内,相对稳定,变化不大,可以查询得到的信息,包括各种定额、规范、标准、条例、制度等,如施工定额、材料消耗定额、工程质量验收统一标准、工程质量验收规范、生产作业计划标准、施工现场管理制度、政府部门颁布的技术标准、不变价格等
	流动信息	是指随着生产和管理活动不断变化的信息,如工程项目的质量、成本、进度的统计信息,计划完成情况,原材料消耗量、库存量,人工工日数,机械台班教等
信息性质	生产信息	有关生产的信息,如工程进度计划、材料消耗等
	技术信息	技术部门提供的信息,如技术规范、施工方案、技术交底等
	经济信息	如施工项目成本计划,成本统计报表、资金耗用等
	资源信息	如资金来源、劳动力供应、材料供应等
信息层次	战略信息	提供给上级领导的重大决策信息
	策略信息	提供给中层领导部门的管理信息
	业务信息	基层部门例行性工作产生或需用的日常信息

三、项目信息表现形式与流动形式

1.项目信息表现形式

项目信息的主要表现形式见表10—2。

表 10—2　项目信息的主要表现形式

表现形式	示例
书目材料	设计图纸、说明书、任务书,施工组织设计、合同文件,概预算书、会计、统计等各类报表,工作条例,规章,制度,等等
个别谈话	个别谈话记录,如监理工程师口头提出、电话提出的工程变更要求、在事后应及时追补的工程变更文件记录,电话记录等
集体口头形式	会议纪要,谈判记录,技术交底记录,工作研讨记录,等等
技术形式	由电报、录像、录音、磁盘、光盘、图片、照片、E-mail,网络等记我存储的信息

2.项目信息流动形式

信息的传播与流动称为信息流,明确的信息流路线可以确定信息的传递关系,保证信息沟通渠道的正确、通畅,避免信息漏传或误传。

项目信息流动形式,按照信息不同流向可分为以下几种:

(1)"自上而下"流动。信息源在上,信息接收者为其下属,信息流逐级向下,决策层—管理层—作业层。

即项目信息由项目经理部流向项目各管理部门最终流向施工队及班组工人。信息内容包括项目的控制目标、指令、工作条例、办法、规章制度、业务指导意见、通知、奖励和处罚等。

(2)"自下而上"流动。信息源在下,信息接收者为其上级,信息流逐级向上,作业层—

管理层—决策层。即项目信息由施工队班组流向项目各管理部门最终流向项目经理部。信息内容包括：项目实施过程中完成的工程量，进度、成本、质量，安全，消耗、效率等原始数据或报表，工作人员的工作情况以及为上级管理与决策需要提供的资料，情报及合理化建议等。

（3）横向流动。信息源与信息接收者为同一级。项目实施过程中，各管理部门因分工不同形成了各专业信息源，为了共同的目标，各部门之间应根据彼此需要相互沟通、提供、接收并补充信息。例如，项目财务部门进行成本核算时需要其他部门提供工程进度、人工工时、材料与能源消耗、设备租赁及使用等信息。

（4）内外交流。项目经理部与外部环境单位互为信息源和信息接收者进行内外信息交流。主要的外部环境单位包括：公司领导及相关职能部门、建设单位（业主）、设计单位、监理单位、物资供应单位、银行、保险公司、质量监督部门、相关政府管理部门、工程所在街道居委会、新闻机构以及城市交通、消防、环保、供水、供电、通信、公安等部门。信息内容主要包括：①满足项目自身管理需要的信息；②满足与外部环境单位协作要求的信息；③按照国家有关规定相互提供的信息；④项目经理部为自我宣传，提高信誉、竞争力，向外界发布的信息。

（5）信息中心辐射流动。鉴于项目专业信息多，信息流动路线错综复杂、环节多，项目经理部应设立项目信息管理中心，以辐射状流动路线集散信息。信息中心的作用：①行使收集、汇总信息，分析、加工信息，提供、分发信息的集散中心职能及管理信息职能；②既是项目内、外部所有信息的接收者，又是负责向需求者提供信息的信息源；③可将一种信息提供给多位需求者，起不同作用，又可为一项决策提供多种渠道来源信息，减少信息传递障碍，提高信息流速，实现信息共享与综合利用。

四、项目信息管理

1. 概念

项目信息管理是指项目经理部以项目管理为目标，以项目信息为管理对象，通过对各个系统、各项工作和各种数据的管理，实现各类各专业信息的收集、处理、储存、传递和应用。

上述"各个系统"可视为与项目决策、实施和运行有关的各个系统，例如，项目决策阶段管理子系统、实施阶段管理子系统和运行阶段管理子系统。其中，实施阶段管理子系统又可分为业主方管理子系统、设计方管理子系统、施工方管理子系统和供货方管理子系统等。"各项工作"可视为与项目决策、实施和运行有关的各项工作，例如，施工方管理子系统中的各项工作，包括成本管理、进度管理、质量管理、合同管理、安全管理、信息管理、施工现场管理等。而"数据"不仅指数字，还包括文字、图像和声音等，例如，在施工方信息管理中，设计图纸、各种报表、来往的文件与信函、指令，与成本分析、进度分析、质量分析有关的数字，施工摄影、摄像和录音资料，等等。

项目信息管理的根本作用在于为项目各级管理人员及决策者提供所需的各类信息。为了充分利用和发挥信息资源的价值，提高信息管理的效率，全面提高项目管理水平，项目经理部应建立项目管理信息系统，优化信息结构，实现高质量，动态、高效的信息处理和信息流通，实现项目管理信息化。而近年来以计算机为基础的现代信息处理技术在项目管理中的应用，为大型项目管理信息系统的规划、设计和实施提供了全新的信息管理理念、技术支撑平台和全面解决方案。

项目管理信息系统一般由进度管理、质量管理、投资与成本管理及合同管理等若干个子系统构成，各子系统涉及的各类数据按一定的方式组织并存储为公用数据库（Project Information Portal，PIP），支持各子系统之间的数据共享并实现信息系统的各项功能。此外，项目管理信息系统不是一个孤立的系统，必须建立与外界的通信联系，例如，与中国经济信息网联网收集国内各个部门、各个地区的工程信息、国际工程招标信息、物资信息等，为项目管理人员进行管理决策提供必需的外部环境信息。

2. 项目管理信息系统

项目管理信息系统（Project management information system，PMIS）是基于计算机辅助项目管理的信息系统，包括信息、信息流动和信息处理等各个方面。项目管理信息系统是由人、计算机等组成的能进行项目信息的收集、加工、整理、存储、检索、传递、维护和使用的计算机辅助管理系统，为项目管理人员进行工程项目管理和目标控制提供了可靠的信息支持，以实现项目信息的全面管理、系统管理、规范管理和科学管理。

（1）功能和作用。

项目管理信息系统是把输入系统的各种形式的原始数据进行分类、整理和存储，以供查询和检索之用，并能提供各种统一格式的信息，简化各种统计和综合工作，以提高工作效率和工作质量。主要功能包括数据处理功能、计划功能、预测功能、控制功能、辅助决策功能等。

项目管理信息系统的主要作用包括：①有利于项目管理数据的集中存储、检索和查询，提高数据处理的效率与准确性；②为项目各层次、各岗位的管理人员收集处理、传递、存储和分发各类数据与信息；③为项目高层管理人员提供预测、决策所需要的数据、数学分析模型和必要的手段，为科学决策提供可靠支持；④提供人、财、设备等生产要素综合性数据及必要的调控手段，便于项目管理人员对工程的动态控制；⑤提供各种项目管理报表，实现办公自动化。

此外，项目管理信息系统在项目管理中的具体作用还表现在：①加快资金周转，提高资金使用效率；②加强工程监控，实时调整计划，降低生产成本；③库存信息实时查询，减少积压，合理调整库存；④通过实际与计划比较，合理调整工期；⑤方便各类人员不同的查询要求，同时保证数据准确性，提高工作效率和管理水平；⑥扩展外部环境信息渠道，加快市场反应。

（2）项目管理信息系统的构成。

项目管理信息系统由硬件、软件、数据库、操作规程和操作人员等构成。

①硬件：指计算机及其有关的各种设备，具备输入、输出、通信、存储数据和程序、进行数据处理等功能。

②软件：分为系统软件与应用软件，系统软件用于计算机管理、维护、控制及程序安装和翻译工作，应用软件是指挥计算机进行数据处理的程序。

③数据库：是系统中数据文件的逻辑组合，它包含了所有应用软件使用的数据。

④操作规程：向用户详细介绍系统的功能和使用方法。

另外，项目管理信息系统还包括：组织件，即明确的项目信息管理部门、信息管理工作流程及信息管理制度；教育件，对企业领导、项目管理人员、计算机操作人员的培训等。

第二节　公路工程施工信息管理软件

一、项目管理信息系统的信息流通模式

1.项目参与者之间的信息流通

信息系统中，每个参与者作为系统网络中的一个节点，负责具体信息的收集（输入）、处理和传递（输出）等工作。项目管理者要具体设计这些信息的内容、结构、传递时间、精确程度和其他要求。

例如，在公路工程项目实施过程中，业主需要的信息包括：①项目实施情况报告，包括工程质量、成本、进度等方面；②项目成本和支出报表；③供审批用的各种设计方案、计划、施工方案、施工图纸、建筑模型等；④决策所需的信息和建议等；⑤各种法律、法规、规范以及其他与项目实施有关的资料等。

业主输出的信息包括：①各种指令，如变更工程、修改设计、变更施工顺序、选择分包商等；②审批各种计划、设计方案、施工方案等；③向上级主管提交工程建设项目实施情况报告。

项目经理需要的信息包括：①各项目管理职能人员的工作情况报表、汇报、报告、工程问题请示；②业主的各种书面和口头指令，各种批准文件；③项目环境的各种信息；④工程各承包商、监理人员的各种工程情况报告、汇报、工程问题的请示。

项目经理输出的信息包括：①向业主提交各种工程报表、报告；②向业主提出决策用的信息和建议；③向政府其他部门提交工程文件，通常是按法律要求必须提供的，或是审

批用的；④向项目管理职能人员和专业承包商下达各种指令，答复各种请示，落实项目计划，协调各方面工作，等等。

2. 项目管理职能之间的信息流通

项目管理信息系统是由质量管理信息系统、成本管理信息系统、进度管理信息系统等许多子系统共同构建的，这些子系统是为专门的职能工作服务的，用来解决专门信息的流通问题，对各种信息的结构、内容、负责人、载体、完成时间等都要进行专门的设计和规定。

3. 项目实施过程的信息流通

项目实施过程的信息流通，应包括各工作阶段的信息输入、输出和处理过程及信息的内容、结构、要求、负责人等。例如，按照项目实施程序，可分为可行性研究信息子系统、计划管理信息子系统、工程控制管理信息子系统等。

二、项目管理信息系统的设计开发

公路工程项目管理信息系统的开发研制周期长、耗资巨大、复杂程度高，而且它以公路工程项目实施为背景，涉及专业多，专业知识需求程度高。项目管理信息系统的设计与建立，也是对项目管理思想、组织、方法和手段的一种提升，它能深化项目管理的基本理论，强化项目管理的基础工作，改进管理组织与管理方法。项目管理信息系统的开发由系统规划、系统分析、系统设计、系统实施与系统评价等阶段来完成。

（一）系统规划项目管理

信息系统的开发是一项系统工程，需要进行周密细致的策划。系统规划是要确定系统的目标与主体结构，提出系统开发的要求，制定系统开发的计划，全面指导系统开发研制的实施工作。

（二）系统分析

首先，对项目现状进行调查，确定系统开发的可行性。其次，调查系统的信息量和信息流，确定各部门存储文件、输出数据的格式；分析用户的需求，确定纳入信息系统的数据流程图。最后，确定系统计算机硬件和软件的要求并充分考虑未来数据量的扩展，制定最优的系统开发方案。

（三）系统设计

根据系统分析结果进行系统设计，包括系统总体结构设计、子系统模块设计、输入输出文件格式设计、代码设计、信息分类与文件设计等，确定系统流程图，提出程序编写的详细技术资料，为程序设计做准备。

（四）系统实施

系统实施内容包括：程序设计与调试，系统转换、运行和维护，项目管理，系统评价等。

1. 程序设计

根据系统设计明确程序设计要求，即选择相应的语言，进行文件组织、数据处理等；绘制程序框图；编写程序，检查并编制操作说明书。

2. 程序调试与系统调试

程序调试是对单个程序进行语法和逻辑检查，以消除程序和文件中的错误。系统调试分两步进行：首先对各模块进行调试，确保其正确性；其次进行总调试，即将主程序和功能模块连接起来调试，检查系统是否存在逻辑错误和缺陷。

3. 系统转换、运行和维护

为了使程序和数据能够实现开发后系统与原系统间的转换，运行中适应项目环境和业务的变化，需要对系统进行维护，包括系统运行状况监测、改写程序、更新数据、增减代码、维修设备等。

4. 项目管理

按照项目管理方法，结合项目信息管理系统特点，组织系统管理人员，拟订实施计划，加强系统检查、控制与信息沟通，将系统作为一个项目进行管理。

5. 系统评价

为了检验系统运行结果能否达到规划的预期目标，需要对系统管理效果进行评价，包括工作效率、管理和业务质量、工作精度、信息完整性和正确性等评价。还要对系统经济性进行评价，包括系统的一次性投资额、经营费用、成本和生产费用的节约额等。

三、项目管理信息系统的结构与功能

项目管理信息系统的性能、效率和作用首先取决于系统的外部接口结构与环境，这是项目管理信息系统区别于企业管理信息系统的特点与规律。公路工程项目信息管理范围涵盖了项目业主、规划设计单位、勘察设计单位、技经设计单位、主管部门（规划、建设、土地、计划、环保、质监、金融、工商等）、施工单位、设备制造与供应商、材料供应商，调试单位、监理单位等众多项目参与方（信息源），每个项目参与方既是项目信息的供方（源头），也是项目信息的需方（用户），每个项目参与方由于其在项目生命周期中所处的阶段与工作不同，相应的项目管理信息系统的结构和功能也会有所不同。

（一）结构

公路工程项目管理信息系统内部结构一般包括进度管理、质量管理、投资与成本管理、合同管理、咨询（监理）管理、物料管理、安全管理、环境管理、财务管理、图纸文档管理等子系统。处于项目不同生命周期阶段的管理信息系统，其目标和核心功能不同。例如，对于规划阶段的项目设计管理信息系统，其核心功能是图纸文档管理；对于实施阶段的业主方项目管理信息系统，其主要目标是实现项目进度、质量、成本三大控制目标的集成管理；对于实施阶段的项目监理信息系统，其核心功能是对质量与进度信息的实时采集与监控。

（二）功能

公路工程项目管理信息系统主要运用动态控制原理进行项目管理，通过项目实施过程中进度、质量和成本等方面的实际值与计划值相比较，找出偏差，分析原因，采取措施，以达到管理和控制效果。下面以进度管理、质量管理、投资与成本管理、合同管理四大子系统为例，介绍一下公路工程项目管理信息系统的具体功能。

1.进度管理子系统

进度管理子系统功能包括：编制项目进度计划，如双代号网络计划、单代号搭接网络计划、多平面群体网络计划等，绘制进度计划网络图和横道图；工程实际进度的统计分析；计划/实际进度比较分析；工程进度变化趋势预测；计划进度的调整；工程进度各类数据查询；多种（不同管理层面）工程进度报表的生成等。

2.质量管理子系统

质量管理子系统功能包括：工程建设质量要求和标准的制定与数据处理；分项工程、分部工程和单位工程的验收记录与统计分析；工程材料验收记录与查询；机电设备检验记录与查询（如机电设备的设计质量、监造质量、开箱检验质量、资料质量、安装调试质量、试运行质量、验收及索赔情况等）；工程质量检验验收记录与查询；质量统计分析与评定的数据处理；质量事故处理记录；质检报告、报表生成。

3.投资与成本管理子系统

投资与成本管理子系统功能包括：投资分配分析；项目概算与预算编制；投资分配与项目概算的对比分析；项目概算与预算的对比分析；合同价与投资分配、概算、预算的对比分析；实际成本与投资分配、概算、预算的对比分析；项目投资变化趋势预测；项目结算与预算、合同价的对比分析；项目投资与成本的各类数据查询；多种（不同管理平面）项目投资与成本报表生成等。

4.合同管理子系统

合同管理子系统功能包括：各类标准合同文本的提供和选择；合同文件、资料的登录、修改、查询和统计；合同执行情况跟踪和处理过程的管理；涉外合同的外汇折算；建筑法规、经济法规查询；合同实施报告、报表生成。

四、公路工程项目管理软件

项目管理软件是指以项目实施环节为核心，利用网络计划技术，对实施过程中的进度、费用、质量等进行综合管理的一类应用软件。20世纪80年代，随着微型计算机的出现和其运算速度的迅猛提升，大量项目管理软件开始涌现。进入21世纪，随着信息化、数字化技术的不断发展，越来越多的企业开始使用项目管理软件。现代项目管理软件融合了完善的项目管理思想和企业管理理念，已经成为企业必不可少的助手。而不同的时间，不同的经济工程背景，企业对项目管理软件的要求也会有所不同。

（一）Primavera6.0（P6）简介

P6 是美国 Primavera Systems，Inc. 公司（2008 年被 Oracle 公司收购）于 2006 年发布的，荟萃了工程项目管理国际标准软件 Primavera Project Planner（P3）25 年的精髓和经验，采用最新的 IT 技术，在大型关系数据库 Oracle 和 MS sol.Server 上构架起企业级的、包含现代项目管理知识体系的、具有高度灵活性和开放性的、以计划—协同—跟踪—控制—积累为主线的一款企业级工程项目管理软件。

P6 可以使企业在优化有限的、共享的资源（包括人、材、机等）的前提下，对多项目进行预算、确定项目优先级、编制项目计划。它可以给企业的各个管理层次提供广泛的信息，各个管理层次都可以分析、记录和交流这些可靠的信息，并及时做出有充分依据的符合公司目标的决定。P6 包含进行企业级项目管理的一组软件，可以在同一时间跨专业、跨部门，在企业的不同层次上对不同地点实施的项目进行管理。P6 使计划编制、进度优化、协同行进、跟踪控制、业绩分析、经验积累等都变得更加简单，使跨国公司、集团公司、大型工程业主、工程建设管理公司和工程承包单位都可以实现高水平的项目管理，已成为国际公路工程建设行业的企业级项目管理新标准。

（二）P6 的组件模块

P6 提供综合的项目组合管理（PPM）解决方案，包括各种特定角色工具，以满足不同管理层、不同管理人员责任和技能需求，P6 提供以下软件组件。

1.Project Management（PM）模块

供用户跟踪与分析执行情况。本模块是一个具有进度时间安排与资源控制功能的多用户、多项目系统，支持多层项目分层结构、角色与技能导向的资源安排、记录实际数据、自定义视图以及自定义数据。PM 模块对于需要在某个部门内或整个组织内，同时管理多个项目和支持多用户访问的组织来说，是理想的选择。它支持企业项目结构（EPS），该结构具有无限数量的项目、作业、目标项目、资源、工作分解结构（WBS）、组织分解结构（OBS）、自定义分类码、关键路径法（CPM）计算与平衡资源。如果在组织内大规模使用该模块，项目管理应采用 Oracle 或 SQL 服务器作为项目数据库。如果是小规模应用，则可以使用 SQL Server Express。PM 模块还提供集中式资源管理，这包括资源工时单批准以及与使用 Timesheets 模块的项目资源部门进行沟通的能力。此外，该模块还提供集成风险管理、问题跟踪和临界值管理。用户可通过跟踪功能执行动态的跨项目费用、进度和赢得值汇总。可以将项目工作产品和文档分配至作业并进行集中管理。"报表向导"创建自定义报表，此报表从其数据库中提取特定数据。

2.Methodology Management（MM）模块

是一个在中央位置创造与保存参照项目（项目计划模板）的系统。项目经理可对参照项目进行选择、合并与定制，来创建自定义项目计划。可以使用"项目构造"向导将这些自定义的参照项目导入 PM 模块，作为新项目的模板。因此，组织可以不断地改进和完善新项目的参照项目作业、估算值以及其他信息。Primavera 亦提供基于网络的项目间沟通和计时系统。作为项目参与者的团队工具，Timesheets 将要执行的分配列成简单的跨项目计划列表，帮助团队成员集中精力完成手头工作。它还提供项目变更和时间卡的视图，供项目经理批准。由于团队成员采用本模块输入最新的分配信息并根据工作量来记录时间，因此项目主管可以确信其拥有的是最新的信息，可以借此进行重大项目决策。

3.Primavera Web 应用程序

提供基于浏览器的访问，可访问组织的项目、组合和资源数据。各个 Web 用户可以创建自定义仪表板，以获得单个或集中视图，来显示与其在项目组合、项目与资源管理中所充当的角色最相关的特定项目和项目数据类型。Project Workspaces 和 Workgroups 允许指定的项目团队成员创建与某特定项目或项目中的作业子集相关的团队统一数据视图，从而扩展了可自定义的集中数据视图模型。Primavera Web 应用程序提供对广泛数据视图和功能的访问，使 Web 用户能够管理从项目初始的概念审查、批准，直到完成的全过程。

4.Primavera Integration API

是基于 Java 的 API 和服务器，供开发人员创建无缝接入 Primavera 项目管理功能的客户端分类码。软件开发工具包 Primavera Software Development Kit（SDK）可将 PM 模块数据库中的数据与外部数据库及应用程序进行集成。它提供对架构以及包含业务逻辑的已保存程序的访问。SDK 支持开放式数据库互联（OD—BC）标准和符合 ODBC 的接口，以接入项目管理数据库。SDK 必须安装在要与数据库集成的计算机上。

5.Claim Digger

Claim Digger 用于进行项目与项目或项目与相关目标计划之间的比较，来确定已添加、删除或修改的进度数据。根据选定用于比较的数据字段，此功能可创建一个项目计划比较报表，格式为三种文件格式中的一种。ClaimDigger 在 PM 模块中自动安装，可从"工具"菜单访问。

6.Project Link

Project Link 是一种插件程序，可使 Microsoft Projet（MSP）用户在 MSP 环境中工作的同时，仍可使用 Primavera 企业功能。MSP 用户可使用此功能在 MSP 应用程序内，从 PM 模块数据库打开项目，或将项目保存到 PM 模块数据库中。而且，MSP 用户可在 MSP 环境下，调用 Primavera 的资源管理。Project Link 使将大量项目数据保存在 MSP 中的组织受益，但是要求一些用户在 Primavera 应用程序中拥有附加功能和优化数据组织。

（三）P6 的功能与特点

1. 精深的编码体系

P6 可以设置一系列层次化编码，如企业组织结构（OBS）、企业项目结构（EPS）、项目工作分解结构（WBS）、角色与资源结构（RBS）、费用科目结构（CBS）；此外，还有灵活的日历选择，无限的项目分类码、资源分类码、作业分类码以及用户公路工程项目管理自定义字段。这些编码的运用使得项目管理的责任明确、高度集成、纵横沟通、有序行进。

2. 简便的计划编制

P6 具有最专业的计划编制功能。标准的计划编制流程，在 WBS 上可设置里程碑和赢得值，方便地增加作业，通过可视的逻辑关系连接及全面的 CPM 进度计算方式，实现项目工作产品及文档体系与作业的关联，作业可以加载作业分类码、可以分配记事本、可以再分步骤，步骤可以设权重，等等。

3. 深度的资源与费用管理

资源与费用的管理一直是 P3 的强项，在 P3 功能的基础上，P6 还增加了角色、资源分类码功能；此外，对其他费用的管理，使费用的管理视角更加开阔，投资与收益的管理，使得投资回报率始终在掌控之中。

4. 理想的协同工作与计划更新

P6 引导标准的项目控制与更新流程，在项目的优化与目标项目建立后，可以进行临界值的定义，以便实现及时监控。为了实现协同工作，P6 可以采用任务服务的方式自动按时定期将计划下达给执行单位或人员。此外，P6 还可以在本地局域网上反馈进度。

5. 全面的项目更新数据分析

进度跟踪反馈之后，P6 提供了专业的数据分析，包括现行计划与目标的对比分析、资源使用情况分析、工作量（费用）完成情况分析和赢得值分析。特别设置的"问题监控"功能可以将焦点一下子聚集到最为关心的事情上。所有这些数据分析，既可以在 P6 中进行，又可以通过 Web 实现。

6. 专业的项目管理辅助工具

P6 构建了所有能够想到的辅助管理工具，包括客户化的视图制作、多种预设好的报表、脍炙人口的总体更新、计划任务自动下达（Job Serv—ice）、项目信息发布到网站、P3 项目的导入 / 导出、满足移动办公的 Check In/ Check Out、获取 EXP 相关数据的功能等。

7. 体系的多级计划处理

管理好复杂的大型项目或项目群，一项非常重要的工作是要建立起完备的计划进度控制管理体系。P6 继承了 P3 的成功经验，利用其建立计划级别及编制流程、实现多级计划的数据传递与交换、实现多级计划的跟踪与分析。

8. 缜密的用户及权限管理

整个 P6 系列软件具有良好的安全配置，为用户设置了企业级项目管理软件所要考虑的一切必要的安全管理功能。

9. 实用的工时单管理

为了良好计划的落实，让执行人员或单位及时获得计划任务并反馈进度是至关重要的。P6 可以自动定期派发作业任务和工时单。对通过 Teamraember 反馈上报的工时单，P6 还考虑了工时单批准功能，只有批准的工时单才能更新 P6 数据库的内容。

10. 开发性的 SDK 及二次开发

P6 提供二次开发工具 SDK，利用 SDK，可以更容易地实现与企业现有系统的整合。

11. Methodology Manager（MM）企业经验库管理

企业的知识管理越来越受到重视。在项目管理过程中，也要"积累经验与教训，减少重复劳动，提高企业智商，避免企业失忆"。MM 就是为了企业持续发展而设计的模块。有了 MM，就可以将标准的工艺方法保存下来反复运用，使得类似项目的计划编制更加简单，更加符合标准化要求。

12. Portfolio Analyst 项目组合分析

Portfolio（项目组合）是从项目群中选择关心的若干项目或其局部形成一个组合，将组合保存，以便反复地分析研究。这一功能在 PA 和 MP 中都表现得十分出色。

13. Functional User 决策系统（B/S 环境下的项目管理）

Web—Enabled（Web 下运行）使项目管理在 Web 下发挥到了极致。P6 所有能够置于 Web 之下的功能都已经在 Web 中，包括创建新项目、项目计划编制、更新已存在的项目进度、沟通与协同工作、项目组合分析、项目信息查阅、资源管理、资源对项目或作业的分配、项目关于资源的需求分析等。

14. Teammember（TM）进度反馈工具

一个简便易用的的工具，让执行者实现作业接收与实际情况反馈，让管理者在定时单（Timesheet）提交后能够进行审核批准。

（四）Microsoft Project（MSP）产品体系

Microsoft Project（MSP）是由微软公司开发的一套项目管理系统，适用于不同规模的企业和不同管理目标需求的项目，功能强大、使用灵活、应用广泛，可以协助项目经理编制计划、分配资源、跟踪进度、管理预算、分析工作量，也可以绘制商务图表、形成图文并茂的报告。

Microsoft Project 是一个完整的产品体系，Microsoft 将包含了项目管理服务器端及客户端的一系列产品和一套完善的方法指导统，称为企业项目管理（Microsoft Office Enterprise Project Management Solution，EPM）解决方案，目前最新版本包含以下产品：

1.Microsoft Project Professional 2013

即 Project2013 专业版，是项目计划管理的核心工具，可用于项目计划编制、资源分配与安排、WBST 分解、项目成本管理、项目执行情况跟踪和项目报表制作等，是 Microsoft 为项目经理开发的高效项目管理软件；具备网络功能，可以连接 Project Server 2013 或者 Project Online 或者其他文档协同平台，如 Share Point 2013，在企业网络环境中实现项目沟通与跟踪，以发挥更强大的项目管理能力。

2.Microsoft Project Standard 2013

即 Project2013 标准版，具有 Project 2013 专业版的所有客户端功能，但不具备网络功能，不能与 Project Server2013 等相连，所以主要用于没有构建 EPM 解决方案的小型企业环境。

3.Microsoft Project Server 2013

即 Project 2013 服务器版，可与 Project Professional 2013 或 Project Profor Office365 构建 EPM 解决方案，主要供管理者、PMO、项目成员使用；可构建基于网络的多项目管理中心，集中管理企业项目信息、统一协调项目资源、标准化企业项目管理数据，有效实现企业项目沟通协作，并对企业项目信息进行全面分析。

4.Project 云计算版本

（1）Project Profor Office365，标准版云计算版本，可以连接 Project Online 或 Project Server 2013 版本，还可以连接 Office365 和 Share Point Online，构建 EPM 解决方案，供项目经理使用。

（2）Project Online，服务器版云计算版本，可以与 Project Profor Office365 构建云计算版本的 EPM 解决方案，与 Project Online with Projeet Profor Office365 构建云计算版本的 EPM 解决方案和项目组合管理解决方案，而且 Microsoft 已经整合了 Office365、Share Point Exchange 等产品。

（3）Project Online with Project Profor Office365，专业版云计算版本，可以连接 Project Online 构建云计算版本的 EPM 解决方案和项目组合管理解决方案，供项目组合经理使用。

（五）Microsoft Project Professional 2013 的主要特性

1.保持井然有序

（1）通过直观的控件和灵活的团队工具轻松规划和管理项目，帮助企业实现预期的商业价值。

①通过增强的视觉体验，迅速关注重要内容、轻松选择要采取的行动，并无缝浏览各项功能。

②从 Project 中点击 Office.com 上最新的 Proiect 模板，即可快速开展工作。

③通过从 Backstage 快速访问最近的文件和位置，保持井然有序。

（2）通过在一个视觉内容丰富且上下相关的界面中整合日常工作、项目任务、重要详细信息和日程表，提高效率并划分主次顺序。

①无论项目计划规模如何，始终可以掌控。

②现成的报告工具内容丰富，类似 Office 的熟悉体验，帮助用户快速轻松地衡量进度和资源分配情况。

③通过在甘特图上凸显任务路径，可始终了解任务的汇聚方式并确认哪些任务对于项目获得成功最重要。

④在一个上下相关的用户界面中关注最重要的内容以整理任务、链接任务和创建日程表。

（3）通过多种与团队保持联系和外出时监控项目的工具，可以随处进行管理。

①通过一个专用的项目网站共享最新的状态、对话和项目日程表，该网站改进了与 Project 和 Office365（或 SharePoint）的集成。

②易创建项目网站，迅速与团队共享项目详细信息，使每个用户保持联系并井然有序。

2. 成功交付项目

（1）做出精彩的演示，深入讲述项目的任务规划、资源分配、成本效率和多种重要的详细信息。

①项目日程表视图有助于使项目可视化，向团队、管理层和利益干系人做出精彩的演示。

②轻松分享见解，帮助您更好地传达进展和实现成果。

③使用现成的报表，如资源概述报表，或通过类似 Excel 的熟悉体验创建自己的报表，迅速衡量进度并有效地向团队、管理层和利益关系人传达消息。

④轻松地从 Project 复制粘贴到熟悉的 Office 应用程序，如 Word 和 Power Point，内容保持原样并可以更改标签和样式。

（2）前龄视图涉及项目日常工作和完成工作所需的资源，通过此类视图预测变更。

①工作组规划器等工具经过增强，有助于发现和弥补潜在的问题，以防其影响日程安排。

②在 Project 中，可将任务设为"非活动"，然后即可迅速分析各种"假设"应用场景，不必重新创建整个项目计划。

（3）探索 Office 商店，通过多种灵活的选项迅速展开创新，这些选项可自定义和扩展现成的功能。

①新的 Office 商店提供多种 Office 应用程序，可扩展 Project 的功能，解决各种疑难问题，满足各种业务需要。

②在 Officexom 寻找应用程序并选择分发选项，或允许通过企业应用程序目录进行访问。

③用即将上市供自定义编程的软件开发工具包（SDK）开发可靠的应用程序体系结构。

3. 改进日常协作

（1）多种工具相互配合，帮助项目中的每个成员利用顺利完成工作所需的信息协同工作。

① Project 与 Office365.Share Point 密切配合，形成一个完整的协作项目管理系统。

②将项目信息轻松复制到 Power Point 等 Office 应用程序和电子邮件，或将重要的计划和详细信息保存到 Office365 和 Share Point。

③ Project 与 Office3 65 或 Share Point 之间的任务列表同步比以往更完善，有助于将项目信息迅速传达到团队，并且几乎随处可轻松接收项目组成员做出的更改。

（2）使用旨在迅速而安全地传递重要对话的工具，可与走廊远处或遍布全球的团队成员实时沟通。

①对项目组成员在项目计划中的状态一瞥，即可了解该成员是否有空谈话或用 Lyric 收发即时消息。

②在 Project 与 Office365 之间集成 LyricOnline，从项目中即可发送即时消息以开始实时对话和共享会议空间。

③使用 Share Point 与 Project 之间改进的列表同步功能，几乎可随处传递项目信息、有效地跟踪状态和接收更改。

（六）Microsoft Project Server2013 的主要特性与功能

1. 使用更加智能的 PPM 解决方案

（1）通过熟悉的体验快速开展工作，这种体验可促进参与和帮助项目团队完成更多的工作。

①使用 Project Web App（ PWA ）中全新、直观的磁贴以及用于访问 Project Server 的 Web 应用程序，可迅速开展工作或收缩项目组合管理功能。

②可使用多种设备和浏览器（ Internet Explorer/ Firefox/ Safari/ Chrome 等 ）查看、编辑、提交项目、项目组合和日常工作以及针对其展开协作。

（2）采取行动，可以在更多的地点和设备上抢占先机。

①在同一处查看和执行任务（包括商业任务和个人任务）。

②借助新的日程安排功能，在 PWA 中有效地规划和管理任务。

③在同一处使团队井然有序，这就是团队人员的项目网站，从中可查看项目摘要、文档、任务、新闻源和日历。

2. 灵活的项目组合管理

（1）使目标与行动保持一致，以划分各种活动的主次顺序、选择最优的项目组合并履行企业的商业策略。

①有效地评估各种创意或衡量形成竞争的各种要求在策略中的作用，以决定符合程度，并简化项目的发起。

②轻松地在 Visio 和 Share Point Designer 中创建工作流，以使项目进展或瓶选的过程标准化并改进治理和控制。

③将 Share Point 任务列表快速晋升为 PWA 中的企业项目。

（2）有效地管理资源，了解项目团队当前的工作内容，即使团队成员正在 Share Point 中管理日常工作或临时项目也是如此。

①更好地管理项目渠道，通过在 Share Point 任务列表中收集团队的创意并在 PWA 中衡量这些创意，还可以更好地管理员工当前的工作内容。

②准确地衡量资源利用率，以及更好地管理与策略相符的资源分配情况。

③将 Exchange 中团队成员日历上的信息无缝地流动至 Project Server 2013，简化项目日程安排和项目状态更新，同时增强任务共享功能。

第三节　建设项目后评估

"后评估"，又称后评价，是近几年来在国际上新兴的一门从技术经济领域发展出来的综合性学科，被广泛地应用于各行业的建设项目。公路建设项目后评估，是指在公路通车运营 2~3 年后，用系统工程的思想方法，对建设项目的立项决策、方案设计、工程施工和运营管理全过程、各阶段工作及其变化的成因，进行全面的跟踪、调查、分析和评价。

一、公路建设项目后评估的目的

公路建设项目后评估的目的在于通过全面的总结，不断提高公路建设项目决策、设计、施工、管理水平，为合理利用资金、提高投资效益、改进管理、制定相关政策等提供科学依据。项目后评估是基本建设程序的重要组成部分，是管理周期中不可缺少的信息反馈环节。通过项目后评估，反映出项目决策过程中、建设过程中和运营阶段中出现的一系列问题，并将各类信息反馈到管理决策部门，可以检验项目投资决策的正确与否，促进项目前期工作和管理工作的不断改善。原交通部颁发的《公路建设项目后评估报告编制办法》中规定："凡属公路（包括独立大桥、隧道）建设的大中型及重点工作项目，均应按规定开展项目的后评价工作"。

在我国积极开展公路建设项目后评估工作具有十分重要的作用。

第一，通过建立完善的公路建设项目后评估制度和科学的理论方法体系，一方面可以对公路建设项目前期工作进行较全面、客观的检测和衡量，并辅之以相应的奖罚制度，增强前期工作人员的责任感，促使他们努力做好公路建设项目可行性研究工作，提高公路建设项目预测的准确性，同时减少甚至杜绝人为干预前期工作的现象，确保可行性研究的客观性和公正性；另一方面可以通过公路建设项目后评估的反馈信息，及时纠正公路建设项目决策中存在的问题，提高未来公路建设项目决策的科学化水平。

第二，通过公路建设项目后评估，可以分析其实际效果与可行性研究工作中的预期效果偏差较大的原因，从而总结公路建设项目可行性研究和项目管理工作，如施工组织方式、设备、物资供应方式，招、投标，承、发包和工程建立等方面一切成功的经验及失败的教训，并将其储存起来，反馈到今后的公路建设项目可行性研究和管理工作中去，不断提高公路建设项目可行性研究和管理工作的水平。

第三，通过公路建设项目后评估，能够发现宏观投资管理中的不足，使国家可以及时地修正某些不适合经济发展的技术经济政策，修订某些已经过时的指标参数。同时，国家还可以根据后评估所反馈的信息，合理确定投资规模和投资流向，协调各产业、各部门之间及其内部的各种比例关系。此外，国家还可以充分运用法律、经济、行政手段，建立必要的法令、法规、各项制度和机构。

第四，通过公路建设项目后评估，还可以对公路建设项目的运营管理进行诊断，促使公路运营状态的正常化。公路建设项目后评估是在公路运营阶段进行的，可以分析和研究公路通车初期和交通量达到正常时期的实际情况。比较实际状况与预测状况的偏离程度，探索产生偏差的原因，提出切实可行的措施，促使公路运营状态的正常化，提高公路建设项目的经济效益和社会效益。这些正是公路建设项目后评估的现实意义。

三、公路建设项目后评估的内容

公路建设项目后评估的内容归纳起来，可分为以下五个方面：

第一，目标评估。通过公路建设项目实际产生的一些经济、技术指标与项目审批决策时确定的目标进行比较，检查项目是否达到了预期目标或达到目标的程度，判断项目是否成功。

第二，执行情况评估。公路建设项目在执行过程中，对设计施工、资金使用、设备采购、竣工验收和生产准备进行评估，找出偏离预期目标的原因，并提出对策和建议，以不断提高公路建设项目的建设水平。

第三，成本效益评估。成本效益是衡量项目成功与否的关键因素。公路建设项目建成后，通过分析成本构成，进行财务评价和国民经济评价，并以一些主要经济指标进行衡量，如经济内部收益率等。

第四，影响评估。公路建设项目建成运营后，对国家、公路所在地区的社会经济发展、健康教育、生态环境所产生的决策宗旨是否实现进行评估。项目影响评估，一般都是有选择性地进行，而且评价时间一般都是在项目交付使用7~8年后进行。

第五，持续性评估。公路建设项目在未来运营中实现既定目标以及持续发展要受一定因素的制约，如管理组织、财务、技术和社会文化、生态环境以及经济、政治等因素都可能影响项目的持续性，因此仅从项目实施的情况得出的结论是不够全面的，还应对公路建设项目未来的发展趋势进行科学的分析预测。

四、公路建设项目后评估的方法

公路建设项目后评估一般是采用综合比较法，即根据项目各阶段所预定的目标，从公路建设项目作用与影响、效果与效益、实施与管理、运营与服务等方面追踪对比，分析评价。各建设单位在公路建设项目（即项目建议书批准）后，开始填写"公路建设项目管理卡"，建立起项目跟踪管理系统和定期检查制度，按规定逐步完善各阶段的各项管理机制，建立决策、设计、施工、运营各阶段的技术经济档案，为项目后评估工作积累完整的技术经济资料和数据。

公路建设项目后评估工作是一项具有十分重要意义的工作。与可行性研究相比，项目后评估更具有现实性、全面性、探索性、反馈性及合作性等特点。评估公路建设项目投资决策的成功与失误，评估公路建设项目从设计、实施到通车运营全过程的经验和教训，科学评估公路建设成果，可以使公路建设管理步入程序化、规范化、工作方法科学化的轨道，强化全行业宏观管理机制，提高公路建设的管理水平，促进公路建设项目投资效益的提高。在我国开展公路建设项目后评估工作，标志着我国公路建设项目管理水平已经上升到一个新高度，象征着我国公路建设项目管理机制步入了健全、完善的阶段。

第四节　建设项目的档案管理和回访保修

近年来，随着国民经济的稳定增长，国家采取了积极的金融财政政策、加大公路基础设施建设的力度，公路建设事业蓬勃发展。工程建设单位在长期的实践中积累和形成了浩大的工程项目技术资料，原始地记录了公路工程项目建设的全过程，直接反映了公路交通科技的成果，关于如何加强公路建设项目的档案管理，原交通部在颁发的有关文件中提出了要求：建设单位应加强档案管理，所有建设项目都要按照《中华人民共和国档案法》的有关规定，建立健全项目档案，从项目筹划到工程竣工验收各环节的文件资料，都要严格按照规定收集、整理、归档。现行公路工程项目档案管理工作的薄弱环节，是如何规范引导工程项目档案的形成，以及如何开发利用项目档案丰富的科技资源问题。

一、建立项目档案责任保证体系

公司设置档案室，对全公司范围内的档案工作进行宏观管理，工程科作为建设单位代表，掌握了大量的第一手工程项目建设文件和资料。我们建立的项目档案责任保证体系是：工程科科长直接领导，以专兼职档案人员和工程项目负责人为主，工程项目建设各方参与，突出项目档案的形成和开发利用两方面管理，使项目档案能发挥其凭证和参考作用，充分体现建立项目档案的价值。

（1）贯彻执行国家有关法规、条例、办法，《中华人民共和国档案法》《基建项目档案资料管理暂行规定》《科学技术档案工作条例》《交通部科学技术档案进馆范围的规定》《科学技术档案、案卷构成的一般要求》《开发利用科学技术档案信息资源暂行办法》以及公司制定的《工程资料管理制度》等是开展工作的准则。

（2）明确专兼职档案人员、工程项目负责人为项目档案主要管理人员，对工程项目进行集中统一管理，保证工程项目档案系统完整真实和安全适用。

（3）项目档案是工程项目建设管理的重要组成部分，做到坚持实行"三纳入""五参与"的监管手段（"三纳入"指工程项目负责人必须把项目档案管理纳入其职责范围、工作计划和工作程序中；"五参与"是指专兼职档案人员全过程参与项目筹划、组织、控制质量和信息管理工作）。

（4）针对某些特大路桥建设重点项目，档案工作与建设同步进行，各方加强协调，统一管理、专门制定文件材料归档与保管及竣工图文件编制、整理、验收和技术交流等实施细则。

三、项目回访保修

（一）项目回访保修的意义

工程质量保修是一种售后服务方式，是《中华人民共和国建筑法》和《建设工程质量管理条例》规定的承包人的质量责任。回访保修有以下意义：①有利于项目经理重视项目管理，提高工程质量，减少修理任务；②有利于承包人听取用户意见，履行回访保修承诺，改进工程质量；③有利于改进服务方式，增强用户对承包人的信任感。承包人编写用户服务卡、使用说明书、维修服务事项等资料赠给用户，既方便了用户使用和维护，又树立了为用户服务的良好企业形象。因此，回访保修是一项双赢的好事，企业必须把它作为一项制度推广。

（二）回访保修的责任和工作方法

回访可能发生在施工中和交付使用后，因此，应由项目经理部和企业管理层双方承担责任；而保修则发生在项目交付使用以后，保修责任应由企业管理层承担。承包人应建立与发包人及用户的服务网络，及时取得信息，并按计划、实施、验证、报告的程序，搞好回访保修工作。

（1）与发包人建立良好的关系。

（2）及时听取发包人对施工的意见，研究解决施工中的质量问题，完善项目管理，提高质量水平，树立企业信誉。

（3）对发包人进行跟踪服务，满足其合理的变更修改要求，扎实做好工作。

（4）交付使用前，与承包人签订质量保修协议，对使用后的回访保修做出承诺。

（5）发放装售、使用、维护、修理等注意事项的资料和质量调查问卷收集质量保修信息，对质量保修效果进行验证，提出保修总结报告。

（三）回访

《规范》对项目的回访做出以下规定：

（1）将回访纳入企业的工作计划、服务控制程序和质量体系文件。回访工作计划的内容有：主管业务部门，执行单位，回访对象及工程名称，时间安排，主要内容保修期限。

（2）每次填写回访记录，最后编写回访服务报告并验证。

（3）采取例行回访、季节回访、"四新"工程使用效果或技术状态回访特殊工程专访等方式。

（四）保修

1. 工程质量保修法律、法规和规章制度

（1）《合同法》第二百五十七条规定，施工合同的内容包括质量保修范围和保证期。

（2）《建筑法》第六十二条规定，建筑工程实行质量保修制度，包括保修范围、最低保修期。

（3）《建设工程质量管理条例》第六章是"建设工程质量保修"，其中有 4 条对实行质量保修制度、最低保修期限、承担保修赔偿责任、超过合理使用年限的加固维修做出了规定。

（4）建设部于 2000 年以第 80 号部长令发布《房屋建筑工程质量保修办法》，其中共有 22 条，对保修做出了全面的规定。同年 8 月，建设部与国家工商行政管理局联合发布《房屋建筑工程质量保修书（示范文本）》。

（5）由建设部和国家工商行政管理局联合发布的《建设工程合同（示范文本）》的第三十四条，用 3 款规定了质量保修，其中包括：承包人对交付使用的工程在质量保修期内承担质量保修责任，质量保修书是合同附件，质量保修书的内容。

2. 质量保修期

《建设工程质量管理条例》规定建设工程质量的最低保修期限是：基础设施工程、房屋建筑的地基基础工程和主体结构工程，为设计文件规定的该工程的合理使用年限；屋面防水工程有防水要求的卫生间、房间和外墙面的防渗漏，为 5 年；供热与供冷系统，为 2 个采暖期、供冷期；电气管线、给排水管道、设备安装和装修工程，为 2 年；其他项目的保修期由发包方和承包方约定；保修期自竣工验收合格之日起计算。

3. 工程质量修理通知书

《规范》规定，在保修期内发生的非使用原因的质量问题，使用人应填写"工程质量修理通知书"告知承包人。规范化的"工程质量修理通知书"内容包括：质量问题及部位，联系维修方式。其中还留有下列位置：承修人自检评定，使用人（用户）验收意见。修理通知书发出日期为约定起始时间，承包人应在 7d 内派出人员执行保修任务。

4. 工程质量保修书

《规范》规定，承包人应按工程质量保修书的承诺向发包人或使用人提供服务。保修业务应列入施工生产计划，并按约定的内容承担保修责任。在《房屋建筑工程质量保修书（示范文本）》中，包含了工程质堡保修范围和内容、质量保修期、质量保修责任和保修费用、双方约定的其他工程质量保修事项。

5. 质量保修业务

《房屋建筑工程质量保修办法》规定施工单位接到保修通知后，应当到现场核查情况，在保修书约定的时间内予以保修。如发生涉及结构安全或者严重影响使用功能的紧急抢修事故，施工单位接到保修通知后，应当立即到达现场进行抢修。对于涉及结构安全的质量问题，应当立即向当地建设行政主管部门报告，采取安全防范措施；由原设计单位或具有相应资质的设计单位提出保修方案，承包人实施保修。执行修理任务的单位和人员，应实行严格的修理责任制，使保修业务落到实处。修理任务完成后，执行的项目经理部应安排专职质量管理人员到现场进行自我评定，签署评定结论，然后请使用人（用户）对修理结果进行验收，认可后，在工程质量保修通知书上签署验收意见。项目经理部将签署意见的"工程质量修理通知书"和自留的一份并移交企业管理层，归人保修业务档案。

6. 保修经济责任

《规范》详细规定了保修的经济责任，具体如下：

（1）由承包人造成的质量缺陷如承包人未按施工质量验收规范、设计文件要求和施工合同约定组织施工，由此造成的质量缺陷所产生的工程质量保修，应当由承包人负责修理并承担经济责任；由承包人采购的建筑材料、建筑构配件、设备等不符合质量要求，或承包人应进行而没有进行试验或检验，进入现场使用造成质量问题的，应由承包人负责修理并承担经济责任。

（2）由设计人造成的质量缺陷应由设计人承担经济责任。当由承包人进行修理时，费用数额应按合同约定，通过发包人向设计人索要，不足部分由发包人补偿。

（3）属于发包人的原因，由于发包人供应的材料、构配件或设备不合格造成的质量缺陷，或发包人在竣工验收后未经许可自行改建造成的质量问题，应由发包人或使用人自行承担经济责任；由发包人指定的分包人或不能肢解，而肢解发包的工程，致使施工接口不好造成质量缺陷的，或发包人或使用人竣工验收后使用不当造成的损坏，应由发包人或使用人自行承担经济责任。

（4）其他原因不可抗力造成的质量缺陷不属于规定的保修范围，如因地震、洪水、台风等不可抗力造成损坏，或非施工原因造成的事故，承包人不承担经济责任；当使用人需要责任以外的修理、维护服务时，承包人应提供相应的服务，但应签订协议，约定服务的内容和质量要求。所发生的费用，应由使用人按协议约定的方式支付。总之，修理由承包人承担，修理费用由责任人自负。

7. 保修保险

有的项目经发包人和承包人协商，根据工程的合理使用年限，采用保修保险方式。该方式不需要扣保修金，保险费由发包人支付，承包人应按约定的保修承诺，履行其保修职责和义务。保修保险解决了费用立项和资金来源，最终受益者还是发包人或投资人，承包人也不受结算保留金的约束。

参考文献

[1] 艾建杰，罗清波，尹紫红，徐君诚.公路工程施工技术 [M]. 重庆:重庆大学出版社，2020.

[2] 陈春玲，刘明，李冬子.公路工程建设与路桥隧道施工管理 [M].汕头：汕头大学出版社，2021.

[3] 冯明硕，薛辉，赵杰.公路桥梁工程施工技术 [M].延吉：延边大学出版社，2017.

[4] 冯少杰，高辉，孙成银.公路桥梁隧道施工与工程管理 [M].长春：吉林科学技术出版社有限责任公司，2021.

[5] 郝铭.公路工程施工技术与质量控制 [M].北京：北京工业大学出版社，2019.

[6] 胡嘉.公路工程造价 [M].北京：北京理工大学出版社，2020.

[7] 李国斌.公路工程施工技术 [M].北京：科学技术文献出版社，2015.

[8] 李海贤，杨兴志，赵永钢.公路工程施工与项目管理 [M].长春:吉林科学技术出版社，2021.

[9] 李燕鹰，张爱梅，钱晓明.公路桥梁工程施工与养护技术 [M].长春：吉林科学技术出版社有限责任公司，2021.

[10] 林立宽.公路工程施工技术研究 [M].长春：吉林科学技术出版社，2021.

[10] 卢利群，高翔.公路工程建设管理丛书 公路工程文明施工指南 [M].成都：西南交通大学出版社，2020.

[12] 马波，陈大学，黄裕群.公路工程施工技术与管理研究 [M].北京：文化发展出版社，2021.

[13] 钱源.公路工程造价编制 [M].重庆：重庆大学出版社，2020.

[14] 任传林，王轶君，薛飞.公路工程施工技术 [M].长春：吉林科学技术出版社，2019.

[15] 孙永军，林学礼，曲明.公路桥梁工程与施工管理 [M].长春：吉林科学技术出版社有限责任公司，2021.

[16] 王晶，姜琴，李双祥.路桥工程建设与公路施工管理 [M].汕头：汕头大学出版社，2022.

[17] 王磊.公路工程施工与建设 [M].长春：吉林科学技术出版社，2021.

[18] 王旻，张振和. 图解公路工程施工技术 [M]. 北京：机械工业出版社，2020.

[19] 王秀敏，葛宁. 公路工程施工组织与管理 [M]. 天津：天津大学出版社，2018.

[20] 武彦芳. 公路工程施工组织设计 [M]. 重庆：重庆大学出版社，2020.

[21] 徐国伟，贾万全，余明坤. 公路工程施工与建筑工程施工质量检测研究 [M]. 北京：文化发展出版社，2019.

[22] 杨永敏，吴树东，周士杰. 公路隧道工程施工安全技术与风险控制 [M]. 北京：中国铁道出版社，2016.

[23] 赵井旺，周奎，于泾泓. 公路桥涵工程施工安全技术与风险控制 [M]. 北京：中国铁道出版社，2016.

[24] 赵之仲. 公路水运工程施工安全管理 [M]. 徐州：中国矿业大学出版社，2013.